U0963099

殷商之源

商丘

刘玉杰 主编

河南科学技术出版社
·郑州·

图书在版编目（CIP）数据

殷商之源：商丘 / 刘玉杰主编. — 郑州：河南科学技术出版社，2020.9
ISBN 978-7-5725-0064-0

Ⅰ. ①殷… Ⅱ. ①刘… Ⅲ. ①文化史—商丘 Ⅳ. ① K296.13

中国版本图书馆 CIP 数据核字〔2020〕第 125761 号

出版发行： 河南科学技术出版社
地址：郑州市郑东新区祥盛街 27 号　　邮编：450016
电话：（0371）65737028　65788139
网址：www.hnstp.cn
策划编辑： 李喜婷　孙　珺　许　静
责任编辑： 许　静　孙　珺
责任校对： 吴华亭
责任印制： 张　巍
书籍设计： 赵　钧
排　　版： 蔡　凤
印　　刷： 河南博雅彩印有限公司
经　　销： 全国新华书店
开　　本： 787 mm × 1092 mm　1/16　**印张：** 15　**字数：** 280 千字
版　　次： 2020 年 9 月第 1 版　　2020 年 9 月第 1 次印刷
定　　价： 99.00 元

如发现印、装质量问题，影响阅读，请与出版社联系。

编委会

编委会主任： 王全周

编委会副主任： 刘玉杰

编委会委员： 孙玉林　郭文剑　马时全

李可亭　王良田　高　进

主　编： 刘玉杰

副主编： 郭文剑

撰稿人： 刘秀森　李可亭　王良田　班琳丽　蒋友胜　王　纲

摄　影： 马时全　崔申义　傅　青　魏文慧

视频音频： 江　滢　李　杰

序

商丘，以高度的文化自信和文化自觉，正在喊响和厚植“殷商之源　通达商丘”城市形象品牌。《殷商之源 · 商丘》的出版，恰逢其时。

“殷商之源”是商丘独有的历史印记。习近平总书记在考察调研河南时指出，殷商文化起源于商丘。商的始祖契所居之商就是今天的商丘，商先公的主要经营地在商丘一带，古老厚重的商丘是先商部落的发祥地、商朝最早的建都地、商人商品商业的发源地，也是古宋国等殷商后裔的主要聚居地。“重阳九月九，商丘拜商祖”，越来越成为天下华商的共识和向往。从2006年开始，每两年一届的中国 · 商丘国际华商（文化）节成为河南省四大文化活动品牌之一，被评为“全球十大根亲文化盛事”。理清文脉传承，坚持守正创新，打好“殷商之源”文化品牌，要切实增强殷商文化保护传承弘扬的责任感和紧迫感。“商丘是殷商之源，商丘的名传承的是仁德，商丘的人传承的是文化，商丘的城传承的是忠烈，商丘的通达传承的是诚信，商宋二字一脉相承，浓缩了五千年不断代的华夏文明史。”

“通达商丘”是商丘鲜明的现代特质。“通达”最早出自《庄子 · 则阳》，意思是“在人类活动范围内所能到达的地方”，而庄子故里就在商丘民权。古老商丘成为一座现代城市的发展历程，起步于100多年前的陇海铁路设站通行，因此商丘也被称作“火车拉来的城市”。百年陇海见证，进入新时代的商丘，交通建设突飞猛进、日新月异。郑徐高铁通车运营、连接京雄商高铁的京港高铁商（丘）合（肥）杭（州）全线开通运营，都在商丘与原来的陇海铁路、京九铁路会合，商丘在河南省已成为仅次于郑州的高铁枢纽城市。不仅如此，通过构筑国道、高速米字型公路枢纽，“三环九放射”市域快速交通网络，完善航空、水运体系，一座连接省内外、辐射东中西的综合交通枢纽中心城市正在成型。交通便利、通畅顺达，开放包容、构建高地，跨越发展、通向康达，“殷商之源　通达商丘”的城市品牌熠熠生辉。

商丘古城城墙、城湖、城郭三位一体、外圆内方的明清格局，历经500年风云变幻至今保存完整，在当前全国尚存的古城池中独一无二。更令人叹为观止的是，大量史料和考古发现表明，这座明清归德古城下面沉睡着至少六座古城，分别是商汤在迁亳之前的古都城、周朝宋国古都城、西汉梁国睢阳城、隋唐宋州治所古宋城、北宋陪都和南宋建都的应天府南京城、元朝归德府城。“城摞城”奇观反映的是商丘古都城5000年历史不断脉的绝无仅有的华夏文明传承奇迹！“叫响‘游商丘古都城、读华夏文明史’的文化旅游品牌，带动全域文化旅游业的跨越发展，打造华夏历史文明传承创新区商丘高地。”伴随着中华民族伟大复兴中国梦的冲刺进程，古老而青春的商丘找准了自己的站位，跨越发展，信心百倍。

通达商丘殷商源，一城饱览五千年。一部《殷商之源 · 商丘》，涵盖“谈古说今”“要事回放”“名人扫描”“寻根问祖”“古城印象”“考古探秘”“胜景掠影”“名品荟萃”“‘非遗’概览”“城市名片”，是来自中原的记忆梳理，更是开启未来的初心追问。开卷有益，是为序。

郭文剑

2020年4月

目录

谈古说今

要事回放

YINSHANG ZHIYUAN
SHANGQIU

名人扫描

——古今商丘圣贤群星璀璨　39

寻根问祖

——老家在商丘　63

古城印象

——叠压在历史积淀中的文明奇迹　83

考古探秘

胜景掠影

——三商之源城古山厚水绵长 133

名品荟萃

——散落民间的商都韵味　167

“非遗”概览

——商丘非物质文化遗产概览　183

城市名片

——一座城市的荣耀　209

本书音频资源列表

本书视频资源列表

视频名称	对应页码
商丘城市宣传片	1
汤	66
宋	67
戴	69
孔	71
牛	72
朱	73
华	76
武	77
钟	78
殷	79
葛	80
穆	81

谈古说今

——商丘的前世今生

位于豫鲁苏皖四省接合部的商丘，是一个令人陶醉和神往的地方，也是一个历史悠久、文化灿烂、名人辈出的地方。历史上的商丘是兵家必争之地，如今的商丘又成为全国重要的交通枢纽。

考古和文献资料证实，商丘的历史与中华五千年的历史同步，是黄河文明的摇篮，是华夏文明的重要组成部分。这里曾是传说时期高辛氏帝喾的活动区域，是先商时期、商朝前期和周朝宋国的都城。此后，西汉至西晋时期的梁国建都于此。北宋灭亡后，商丘又成为南宋初年的都城。商丘古城是国务院命名的国家历史文化名城，是全国重点文物保护单位。

商丘是中国殷商文化的发源地，此后的宋文化与之一脉相承，形成了博大精深的商宋文化。在商丘大地上诞生的火文化、根亲文化、老庄文化、墨家文化、名家文化、汉梁文化、古都城文化等丰富多彩，与殷商文化相辅相成，熠熠生辉。

商丘既古老又年轻，伴随着“高铁时代”的脚步，正沿着“一带一路”走向远方。

商丘城市宣传片

· 地理位置优越，历来兵家必争之地 ·

商丘是河南省的东大门，位于豫鲁苏皖四省接合部，既是中原经济区的东部门户城市，又是淮海经济区的区域性中心城市。商丘在经济发展上东引西进，向东融入长三角经济圈，成为承接产业转移的桥头堡；向西融入中原经济区郑汴洛核心增长极，成为中原经济区的东部战略支撑。

商丘交通便利，陇海铁路与京九铁路在此交会；商丘是高铁规划"八纵八横"枢纽城市之一，郑徐高铁于2016年9月10日建成通车，商合杭高铁于2015年12月25日在商丘开工建设，2019年12月1日，商丘至合肥段开通；"十三五"规划中，京九高铁（商丘—北京段）也已列入国家高铁建设重点工程。在公路方面，商丘是交通部确定的交通枢纽城市，北京至珠海105国道与天水至连云港310国道在此交会，连霍高速与济广高速亦在此交会，构成双重黄金"十字架"公路网络。在航空方面，商丘西距郑州新郑机场194千米，东至徐州观音机场207千米。商丘民用航空将实现"零"的突破，已获批建设辐射四省交界的商丘支线机场。

自古以来，商丘即为兵家必争之地。历史上的商丘就有"东临沿海，西扼中原，北接齐鲁，南襟江淮"之说。春秋战国时期的宋国，位居各诸侯国之间，境内获水、泓水、泗水穿流而过，交通极为便利，是中原各国通往东南吴越的交通要道。到了西汉，由于梁孝王刘武与中央政府特殊的关系，特别是其在平定"七国之乱"中的功劳，这里与中央的往来交流更为频繁。历史上，商丘丝织业发达，襄邑（今睢县）的锦（即襄锦）和陶地（今山东定陶）的缣都闻名于诸侯国。从西汉开始的"丝绸之路"，其东端最初起自都城长安。随着历史的发展，逐步向东延伸到洛阳、开封和商丘。实际上，今天的学术界和经济界普遍认为，历史上的"丝绸之路"东起连云港，向西一路走来，沿途吸纳各地的历史、文化和工艺产品，与中亚各国互通有无，在历史上发挥了很大的作用。可以说，商丘是"丝绸之路"的重要节点城市，为"丝绸之路"的发展做出了很大的贡献。

从古代两个大事件中，我们可以看出商丘地理位置的重要性。其一是发生在西汉景帝时期的“吴楚七国之乱”。七个刘姓宗室诸侯王联合反对西汉政权，叛军由于有长期准备，来势汹汹，但在到达商丘后，受到了汉朝军队和梁国军队的联手抵抗，不能越商丘而西进，最后失败。“吴楚七国之乱”的失败，证明了商丘地理位置的重要性和梁国军队平叛的有力。其二是唐朝玄宗年间发生的“安史之乱”。当时叛军意欲突破商丘而进攻江淮，但由于张巡、许远率军守护商丘，使得叛军陷入旷日持久的商丘战，不能越过商丘而进入东南区域。这一方面为唐军平叛赢得了时间；另一方面保护了江淮经济不受破坏，使其得以持续发展。

• 五千年悠久历史，增辉中华灿烂文明 •

商丘历史悠久，早在原始社会时期，就有人类活动。考古工作者先后在商丘的永城市、睢阳区、梁园区、宁陵县等地发现了原始社会时期的文化遗址，即龙山文化遗址，学术界称之为“河南龙山文化王油坊类型”。

王油坊古文化遗址位于商丘永城市酂城镇王油村东北400米处，为一旧黄河淤泛之土丘，面积1万平方米，为河南龙山文化晚期遗存。据中国社会科学院古人类研究所碳十四测定，王油坊遗址的年代在前2580年至前2140年，这表明，人类的祖先远在4000多年以前就生息在这块土地上，并且有了较为发达的农业、渔猎业和手工业。河南龙山文化时期正是黄帝和帝尧时期，这个时候，商代的先祖帝喾、阏伯（契）和他的后代们就活跃在豫东一带，之后经过几百年的历史变迁，他们的后代商汤消灭了夏王朝，建立了商朝，终于使商族部落走进了最辉煌的时代。

王油坊遗址被考古界命名为“王油坊类型”，成了全国考古界研究古代文化时常用的专用名词。2006年，王油坊遗址被国务院公布为国家级重点文物保护单位。

商丘是传说时期高辛氏帝喾的活动区域，是先商时期、商朝前期和周朝宋国的都城。此后，西汉至西晋时期的梁国建都于此。北宋开国皇帝赵匡胤因发迹于商丘，称顺应天命，所以到了宋真宗景德三年（1006）改宋州为应天府，大中祥符七年（1014），又升名为南京，与东京开封、西京洛阳、天京大名合称四京，居于陪都地位。北宋灭亡，康王赵构于建炎元年（1127）年五月在此登基建立南宋，商丘又成为南宋初年的都城。商丘古城是国务院命名的国家历史文化名城。

商丘之名源于商人始祖阏伯（契）。阏伯为高辛氏帝喾之子，他在今阏伯台（也称火星台、火神台）观察火星运行规律，以此为依据测定一年的自然变化和年成好坏，并安排农时、农事，为我国古老的天文学的发展做出了贡献。火星也称商星、辰星。阏伯筑台祭祀商星所留下的废墟，即商丘，商乃商星，丘为高土。后来，随着时间的推移，周遭之地也称商丘。先商时期商部落称商人，商人所从事的行业称商业，而用于交换的物品叫商品，由此生成的文化称为商文化。阏伯为商族人之始祖，深受商丘人民的爱戴。

学术界将商朝建立之前的历史称为先商史，将这一时期称为先商时期。约在前16世纪，阏伯的14世孙商汤，灭夏建商，都于亳（史称南亳，历史记载在虞城县谷熟集西南35里，即在今梁园区坞墙镇），商丘为商朝的第一个建都地。约在前11世纪，周成王三年（前1040），周公平定武庚叛乱后，周成王封殷商后裔微子启于商丘，称宋国，商丘为宋国国都。因商丘位于睢水之阳，又称睢阳。西汉商丘为汉代最强盛的诸侯国梁国的国都。五代后唐时开始称归德，又有归德军、归德府之称。

商丘今天的版图和清朝归德府辖地相

火神台

近。清末归德府辖一州八县，即睢州和考城县、商丘县、宁陵县、柘城县、鹿邑县、虞城县、夏邑县和永城县。睢州即今睢县；鹿邑县今属周口市；考城在秦、西汉时名菑县，其前身是春秋时期的诸侯国戴国，东汉章帝时改名为考城。据杨伯峻的《春秋左传注》，考城方位在“今河南省民权县东而稍北四五十里，离宋都六十余里，当即古载（戴）国之地”。1928年，析睢县北七里、杞县北五社置民权县。1954年兰封、考城合并为兰考县。1956年7月又将原考城的顺河、老颜集、北关、褚庙等乡划归民权县。1996年10月，国务院撤销永城县设立永城市，2014年由河南省政府全面直管。1997年6月，商丘撤地建市，原属于商丘市（县级）、商丘县管辖的区域改称为梁园区和睢阳区，其他6县（夏邑、虞城、柘城、宁陵、睢县、民权）名称未变。

• 文化丰富多元，商宋文化领风骚 •

商丘是中华文明的重要发祥地之一，文化灿烂，丰富多元，商文化、宋国文化、火文化、老庄文化、孔祖文化、汉梁文化、木兰文化等，如日月星河，璀璨夺目。

商文化和宋国文化是商丘在全国最具代表性的两大文化品牌，是商丘地方文化的代表和精华。商丘是商部落的发祥地、商朝的建立地和商业的发源地，被称为“殷商之源”。

商文化在商丘历史上相当长一个时期内一直是占统治地位的主流文化。这里的商文化，包括商部族的文化、商朝前期的文化和中国的商业文化。这三种文化，分别是由商丘是商部落的发源地、商朝的第一个都城、商业的发源地而产生的。

商丘是商部落的发源地，指商丘是先商文化的发源地。先商文化是商朝建立之前商部落的文化。商汤之前商部落的酋长则被称为“商先公”或“商先王”。据考证，商族最初主要活动在今豫东、鲁西南一带。分布在这一区域的考古学文化，被学术界称为“河南龙山文化王油坊类型”。王油坊类型遗址位于永城市，从该遗址中发现的大量生产、生活用具表明，早在四五千年前人类的祖先就劳动、生息在这块广阔的土地上。这一地区较为发达的农业、渔猎业、畜牧业和手工业，为中华民族的历史和文明增添了丰富的内容。

商丘是商朝的第一个都城，说明商丘是商朝最早的建都地。《史记》称商汤"始居亳，从先王居"，说明商汤之前的商先公先王就居住在亳。"亳"到底在哪里，自汉代起就众说纷纭。现在影响较大的为"三亳说"，即南亳、北亳和西亳。南亳在今商丘市虞城县谷熟集西南 35 里。北亳即景亳，在今山东曹县西南和商丘市梁园区相接处。西亳在今河南省偃师市。学术界普遍认为，北亳为商汤的军事大本营，商汤伐桀就是从这里出发的。西亳为商朝的一个军事重镇。南亳为商汤的都城。商朝前期的都城在商丘，由此形成了商朝前期的文化，这些文化已经得到了考古学界的证明。考古工作者在商丘大地上进行的考古发掘或试掘，发现了非常丰富的龙山文化、早商二里岗上层文化及部分殷商时期的遗物。2015 年 12 月，"商丘古都文化研讨会暨中国古都学会 2015 年年会"在商丘师范学院举行，会议认定"商丘是中国古代重要的都城之一"，指出"五帝之一帝喾和商先公先王多在商丘一带活动。商丘是商汤都亳所在地，是春秋战国时期宋国都城，是两汉时期梁国都城和南宋王朝第一个都城，在中国都城发展史上具有重要地位"。

商丘是商业的发源地，是说商丘诞生了中国商业文化。商先公王亥"宾于有易"，成为中国最早的商人，为商人的始祖。而王亥活动的区域就在今河南商丘一带，因此商丘为中国商业及商业文化的发源地。王亥生活时期的社会形态为由部落向国家的发展时期，此时农业和畜牧业已经得到了一定程度的发展，商业萌芽成为可能。王亥之后，商人沿其传统进行商业贸易，并逐渐形成了专门从事向远方贩运货物进行贸易的商贾，到周朝初年即形成了"肇牵车牛远服贾，用孝养厥父母"的局面。这些从事贸易活动之人由于来自商部落，所以被称作"商人"，他们的交易活动就是"商业"活动；而作为最早进行贸易的王亥，便是"商业"始祖，即商（业）人的祖先。需要说明的是，此时的贸易只是商业的萌芽阶段，数量不大，而且由于没有货币，所以是以物易物的活动。商朝建立后，才出现了货币，商业因货币的出现进一步发展壮大，中国商业文化逐步发展起来。

"商丘"作为地名至今已经使用了

数千年之久，这在全国是不多见的，体现了商文化的历史传承。甲骨文中即有“商”“大邑商”“丘商”等记载。“商丘”一词最早见于《左传·昭公元年》：“昔高辛氏有二子，伯曰阏伯，季曰实沈……迁阏伯于商丘。”夏商时期称“商丘”，因城市位于睢水北岸，又名“睢阳”，秦置砀郡睢阳县。明嘉靖二十四年（1545）归德升州为府，置商丘县，直到1997年撤销商丘地区，设立商丘市，商丘地名一直未曾改变。

宋国文化是商宋文化的重要内容之一。西周武王克商与周公东征后，曾进行过两次大规模的分封，目的是封建亲属，“以藩屏周”。受封者主要是周王的同姓、亲戚、功臣、古帝王之后和归附周的方国首领，其中以周王的同姓为最多。在当时的封国中，最重要的是鲁、齐、宋、晋、卫、燕等。宋国是商纣王庶兄微子启的封国。微子，名启，因封于微邑（山东梁山西北），故名微子。他与箕子、比干被称为“殷之三仁”。当时，微子看到商朝日趋没落，行将灭亡，曾多次劝谏商纣王，但是商纣王不听从他的建议。于是，微子愤而出走，乞降于周。周公东征后，封微子启于宋，都商丘。宋国从微子启建国开始，历经西周、春秋和战国。前286年，齐、楚、魏三国伐宋，杀宋王偃，三分其地，宋国亡。

西周分封，封微子于宋，使殷商遗民又回到了商朝的发源和建立地。春秋时期，宋襄公曾一度欲称霸中原。当时，宋与齐、鲁两国都是先进文化的代表，是儒、道、墨三大学派的活动中心。

宋国是殷商灭亡后，商遗民的主要聚居地，这里人们的生活习惯、生产方式、宗教信仰、风俗习惯等完全继承了殷商传统，先人崇拜、尊神、敬神、事神。可见，宋文化就是周代的商文化，是商文化在周代的延续发展。宋国立国800余年，加上先商和商朝的纪年，商宋文化占据商丘从契封于商至今4000多年历史的一半时间，由此商文化在商丘历史文化中的地位之重要可见一斑。

儒家始祖孔子祖籍在宋国。孔子原是殷商贵族的后代，他一生主要从事教育工作，据说他有弟子三千，贤人七十二。他还整理了许多古籍，修订《春秋》。孔子本人也曾到宋国游说，推行自己的学说主张，对道德文化的发展做出了重要贡献，肯定了人格价值。宋国是墨家始祖墨子的故乡，墨子在逻辑学和物理几何方面有重要的成就，并提出“兼爱”和“非攻”的重要主张。宋国也是道家代表人物庄子的故里。三家学说对中国哲学的发展有很大的影响。宋国在文化上的贡献，使“商宋文化”形成了特色，走向了成熟和繁荣。

商宋文化有狭义和广义之分。狭义的商宋文化是指从商部落开始，到商朝建立，一直再到宋国，由商族在黄淮平原这片沃土上所创建的文化，它们之间是继承与发展的关系。广义的商宋文化，是指在商丘这片古老的大地上，历史上各个时期所创造的所有文化，广义的商宋文化不仅包括“商宋文化”的“源”，即商朝和宋国之前三皇五帝时代所创建的文化，也包括它的“流”，即商朝和宋国之后，自秦汉至今在商丘一带所发展起来的文化。换句话说，商宋文化是贯通古今的商丘地域文化的代称。

• 优秀传统薪火传，孕育名人辈出 •

商丘人杰地灵，名人辈出。商丘是北纬34.5度文明的东端和龙头，由此向西经开封、郑州、西安到宝鸡以至印度恒河流域文明、古希腊文明，形成了古代人类文明发生、发展的生存线。中国传统文化儒、道、墨中的道、墨两家发源于商丘，名家惠施以及融合道、墨思想的宋钘亦为商丘人，而儒家始祖孔子的祖籍又在商丘，孔子本人也多次回乡讲学，影响至深。到了汉朝，经学博士商丘人戴德（即“大戴”）、戴圣（即“小戴”）对古代各种“礼”进行兼收并蓄，所著《大戴礼记》《小戴礼记》成为儒家重要经典，《小戴礼记》即今《礼记》，戴圣所传《礼经》即今《仪礼》。在西汉，易学居“六经”之首，研究者甚多。梁国（在今商丘）易学大家有丁宽、田王孙和焦延寿，三人对易学贡献极大，西汉易学诸派几乎都与梁人有关。田王孙师从丁宽，而田王孙的学生施雠、孟喜、梁丘贺是西汉传易三大家。可以看出，商丘是墨、道、名三个学派的发源地和儒家学派的重要来源和传播区，是中华民族文化发生、发展的摇篮之一。

优秀传统薪火传，孕育名人辈出，从墨子、庄子起，这里各朝代都出现了很多有影响的人物。

在魏晋南北朝时期，有著名的哲学家杨泉，文学家江淹。杨泉，梁国睢阳人，生于三国魏，卒于西晋，一生著述甚丰。杨泉的哲学思想与魏晋玄学相对立，坚持气一元论的唯物主义宇宙观，明确否定佛教宣扬的神不灭论。他在《物理论》中，还概括了当时农业、手工业及其他科技生产知识，在天人关系即自然的客观规律和人的主观能动作用的关系问题上，表现出一种十分可贵的朴素辩证思想。江淹，考城人，其故里在今民权县程庄乡江集村。江淹是南朝颇有影响的骈赋大家，历仕宋、齐、梁三个朝代。他的诗赋精工俏丽，构思新颖，文风苍劲峭拔，脍炙人口，《别赋》《恨赋》尤为著名，世人有口皆碑。

在唐朝时期，有敢于直言面谏被唐高宗称为“真宰相”的宰相魏元忠，有以诗名世、写下“斜光照疏雨，秋气生白虹”诗句的才子崔曙，有作《上东宫劝学启》的文学家刘宪，有史学家朱敬则，有学者陈希烈、刘熙古等。

在宋朝时期，有教育家戚同文，医学家王怀隐，书法家王洙，书目文献学家王尧臣、史学家赵概、哲学家程迥等文学家。宋朝时期是商丘文化的又一个灿烂时期，文人才士层出不穷，著名者在宋初有张去华、戚伦；北宋中期有“生平诗价千钧重”的“诗豪”石延年，宋痒、宋祁兄弟和“天下奇才”张方平；在两宋之交有徐觊。

明清时期，商丘更是人才济济，据文献记载，当时登进士科者竟达400余人，近300人有著作传世。其中入阁为大学士者就有沈鲤、宋权、李天馥三人，三品以上列居九卿之位的就有吕坤、宋纁、杨东明、侯恂、练国事、汤斌、宋荦等10余人，著名学人有文学家侯方域、徐作肃、贾开宗，数学家李子金、杜知耕，教育家兼儒学家窦克勤，史学家郑廉、李元振、陈履中、彭家屏，名医杨睿。而吕坤和杨东明又是哲学大家，汤斌是中原名儒，宋荦是文学家兼目录学家等。仅此，商丘名人之多可见一斑。

• 文物景点星罗棋布，旅游观光方兴未艾 •

商丘文物景点星罗棋布。其中，商丘归德府城墙、永城汉梁王墓群、宋国故城、永城王油坊遗址、永城崇法寺塔、睢县阎庄圣寿寺塔、柘城李庄遗址、柘城孟庄遗址、柘城故城、永城造律台遗址、永城芒砀山汉代礼制建筑基址、大运河遗址、大运河商丘南关码头遗址、梁园区徐堌堆墓群、商丘淮海战役总前委旧址等为全国重点文物保护单位。

商丘古城又称归德府城，建于明正德年间，距今已有500多年的历史，被国务院公布为国家历史文化名城，保存了大量的文物古迹，有应天书院、归德府文庙、侯方域故居壮悔堂、八关斋、张巡祠以及明清建筑典范穆氏四合院等。

宋国故城是春秋时期宋国的都城遗址，位于今商丘古城西南侧。宋国故城的发现，为寻找早商和先商的都城和聚落遗址，提供了极有意义的线索。

位于商丘古城西南1.5千米处的火星台，亦称阏伯台、火神台，是距今4000多年的观星台遗址，它比东汉天文学家张衡在洛阳建的灵台还早2000多年，是我国现存最早的观星台，为河南省重点文物保护单位。传说阏伯生于农历的正月初七，所以，每年正月初七这一天，周围几百里的

商丘古城北城门楼

商丘古城南城门及护城河

农民都来此朝台，纪念阏伯，并求得到阏伯的保佑。现在发展成为每年的庙会，从正月初一至正月十五，方圆数百里之内的百姓前来赶庙会，香火鼎盛，十分热闹。

火神台前面的商祖祠，是纪念商人祖先的地方，为商祖圣地，竖立有高达10.15米的华商始祖王亥铜像。商祖祠内的富商大道总长198米，宽9米，由260余种4600余枚各个历史时期古钱币图案组成，从广场大门穿过万商广场一直延伸到王亥塑像前，形象地展示了中国钱币文化的发展历程。商祖祠内的万商广场由天然的红砂石铺成，上刻甲骨文、金文、楷书、隶书、草书和行书等多种字体写成的“商”字达19 770个，寓意万商云集，一心归商。万商广场的面积达8100平方米，可容纳万人集会，也是每两年一届的中国·商丘国际华商（文化）节华商始祖祭祀大典的主会场。

商丘是中国火文化的发源地。“三皇”之一燧人氏在这里发明了人工取火，开创了人类文明的新纪元，因而被称为中国火文化之祖，商丘也因此成为2005年第十届全国运动会的三个取火点之一。

1996年被列为“中国十大考古新发现”之一的芒砀山汉梁王墓群，斩山作廊，穿石为藏，宛如地下宫殿群。其中出土的金缕玉衣，为稀世珍宝，曾先后在美国、日本、东南亚各地巡回展出。柿园汉墓（刘买墓）壁画以精湛的技艺、非凡的价值被誉为“敦煌前的敦煌”。

隋唐大运河商丘段南关码头遗址

隋唐大运河是我国隋朝开凿的一条举世闻名的人工河，在商丘境内长约200千米。大运河商丘段是隋唐京杭大运河通济渠的重要组成部分，在商丘自西向东流经今睢县、宁陵县、梁园区、睢阳区、虞城县、夏邑县、永城市，留下了丰富的文化遗产，夏邑县汴河济阳镇段至今仍保存有宽20～30米、长20多千米的运河水面。2013年5月，隋唐大运河商丘南关码头遗址、夏邑码头遗址被国务院核定公布为第七批全国重点文物保护单位。

位于柘城的李庄遗址和孟庄遗址为新石器时代的文化遗址，文化层从浅及深分别埋藏有东周文化层、商代晚期文化层、岳石文化层、龙山文化层的历史文化遗存。

• 应天归德继往开来，经济社会绘蓝图 •

商丘在历史上曾称“应天”和“归德”。五代时期后梁开平三年（909），宋州（今商丘）升为宣武军。后唐同光元年（923），唐庄宗将宣武军改为归德军，归德之名自此始。宋太祖赵匡胤在后周时期任归德军节度使，治所在宋州。960年，赵匡胤发动陈桥兵变，即皇帝位，国号“宋”，即为北宋。

赵匡胤既以归德军节度使起家，宋州便成了“龙潜之地”，即大宋的发祥地。宋真宗景德三年（1006）二月，将宋州改名为应天府。大中祥符七年（1014）正月，宋真宗又将应天府再次升格，建为南京，作为都城汴梁的陪都。

“应天”原意为顺应天命，如今我们可以引申为顺应天道自然、遵循自然规律，而循规律顺时事者必事半而功倍。“归德”如今可以理解为“旨归在德”，即要求人们回归到共同生活及行为的准则和规范，提升个人素质，完善自我与他人之人格。

商丘是殷商文化的诞生地，是“殷商之源”。“殷商之源”这一张靓丽的名片，沿着“一带一路”飞翔，使商丘誉满华夏、声播海内外。这一品牌定位，凸显了商丘的历史文化，特别是商业文化，为文化兴市、商业兴城找到了灵魂，为古代华商文化与当代华商精神的连接找到了纽带，为商丘城市发展与竞争力的提升找到了一个文化方面的突破口。正因为如此，商丘连续成功举办了6届国际华商（文化）节，吸引大量海内外的华商纷纷来寻根问祖、投资兴业，对经济社会发展起到重要的助推作用。

伴随着2016年9月10日郑徐高铁的开通、“商丘高铁时代”的来临，如何才能构建商丘厚重的历史文化与中国重要交通枢纽的桥梁，秉持“应天”“归德”的理念，继往开来，绘出经济社会发展的美好蓝图，需要我们重新认识和思考。

2016年9月26日至29日，中国共产党商丘市第五次代表大会召开。会议提出要着力将历史文化优势转化为经济优势，将区位交通优势转化为发展强势，叫响“华商之源　通达商丘”这一品牌。2016年10月9日，商丘成功举办2015中国·商丘国际华商（文化）节，来自海内外的各界嘉宾欢聚殷商之源，拜商祖祈商愿，话创新谋发展。“华商之源　通达商丘”这一商丘特色的城市品牌，通过这次盛会被越来越多的人所熟知。

为贯彻落实习近平总书记2019年9月视察河南时的讲话精神，商丘城市品牌由“华商之源　通达商丘”调整为“殷商之源　通达商丘”。叫响“殷商之源　通达商丘”这一品牌，就是着力发展枢纽经济。枢纽经济本质上是流通经济、开放经济。越是在市场经济深入推进、区域合作和对外开放不断扩大的背景下，“交通枢纽”进阶为“经济枢纽”的内部动能就越大，也就更有可能跨越静态的“资源优势”成就动态的“发展优势”。立足区位优越、交通便利的市情，加快构建综合交通枢纽，放大人流、物流、信息流的集聚效应，使全市人民走上通往康达、幸福之路，让人民群众享受更加美好的生活。

紧跟时代步伐，加快发展枢纽经济，视野和理念尤显重要。要以更加开放的心态建设开放的平台，把枢纽型经济的内涵坐实、水准提升、实力做强。

“通达”，既表明了商丘区位优越、位置重要，也蕴含有通情达理、诚实守信、开放包容的意思，还意味着通往康达、幸福之路的含义。商丘是中华文明的发祥地，是商业文明的源头，受传统文化的熏陶和现代文明的洗礼，形成了商丘人民勤劳善良、智慧勇敢、热情好客、诚实守信的品质。尤其是近年来，商丘大力加强公民道德建设，着力叫响“商丘好人”品牌，在全社会倡导“争当好人，好人有好报”的价值导向，“商丘好人”品牌影响力不断提升，成为商丘践行社会主义核心价值观的一张靓丽的名片。同时，伴随郑徐高铁开通、商合杭高铁建设，未来的商丘将紧随郑州，成为高铁枢纽“新贵”，也成为全国为数不多的铁路“双十字”城市。释放交通枢纽动能，挖掘枢纽经济潜能，这是化交通枢纽为经济枢纽的优先发展路径。“十三五”时期，随着商丘全面融入“一带一路”，向东积极对接长江经济带，向西融入中原城市群经济圈，大力推进开放型经济，致力形成连贯东西、沟通八方的局面，从而推动商丘经济又好又快发展，让广大人民群众享受更加幸福美好的生活。

“应天归德”四个字巧妙借用商丘古地名中蕴含的丰富文化元素，既凸显了商丘独具的地域特色，又展现了商丘紧跟时代步伐，继往开来，绘制经济社会美好蓝图的决心和信心。

要事回放

——涓涓细流谱写商丘华章

商丘因其悠久的历史文化在华夏文明中扮演着重要的角色，更由于其优越的地理位置，从古至今发生的重要事件，每每牵动着国家的命脉和走向。“三皇”之一燧人氏发明人工取火，开启了华夏文明的篇章；“玄鸟生商”的传说和文献记载，反映了商族的兴起、迁徙和商丘人的由来；中国第一位商人王亥，就来自商部落，他让商丘成为中国商业的发源地；前16世纪，阏伯的14世孙商汤，灭夏称商，都于亳（史称南亳，今虞城县谷熟镇西南），商丘为商朝的第一个建都地；西周初年，周公平定武庚叛乱后，周成王封殷商后裔微子启于商丘，称宋国，商丘为宋国国都。西汉商丘为汉代最强盛的诸侯国梁国的国都。北宋开国皇帝赵匡胤因发迹于商丘，称顺应天命，所以到了景德三年（1006），宋真宗改宋州为应天府。大中祥符七年（1014），应天府又升名为南京，与首都东京开封、西京洛阳、天京大名合称四京，居于陪都地位。北宋灭亡后，康王赵构于建炎元年（1127）五月在南京登基建立南宋，商丘又成为南宋初年的都城。商丘历史上发生的这些重大事件，为华夏文明史增加了丰富多彩的内涵。

燧皇陵

燧人造火，开启华夏文明史

商丘古城西南1.5千米处的燧皇陵，相传为人工取火的发明者燧人氏的陵墓，与火神台隔商柘公路相望，为商丘主要旅游景点之一。燧人氏为中国古代传说时期“三皇”之一，他发明了人工取火，开启了“华夏文明之火”。

关于燧人造火的传说，《淮南子》《韩非子》《礼记》《世本》等均有相关记载。《国语》《老子》等古籍中也有关于燧人造火的记载。

火的发明与应用，对于人类社会的发展，可以说是一个伟大无比的动力。有了火，人类才能炮生为熟，开始熟食的生活，结束过去“茹毛饮血”的时代，促进人类体质健康尤其是大脑的发展。有了火，人类可以御寒以及抵御野兽的侵袭，增强了自卫能力。可见，火的发明和使用，的确是人类进化史上的一个巨大飞跃。正因为如此，后人才把燧人氏视为神人，视为圣人。燧人氏始终受到炎黄子孙的祭拜和缅怀，他所发明的火成为“华夏文明之火”。

• 玄鸟生商，商丘自此谱华章 •

“玄鸟生商”的记载最早见于西周时期的《诗经·商颂·玄鸟》：“天命玄鸟，降而生商，宅殷土芒芒。”

“玄鸟”就是黑色的鸟，大多数人解释为燕子，也有不同的看法。民国时期的著名学者、诗人闻一多认为，“玄鸟”是指凤凰中的凤，是凤鸟。

这是一个非常美丽的神话故事：上天派玄鸟到地面上，下了一个蛋（卵）。有一个氏族叫有娀氏，有娀氏的女儿简狄吃了这个蛋，结果怀孕了，然后就生下了商人的祖先契（阏伯）。

其实在母系氏族社会时期，在婚姻上实行的是原始群婚，人们“知其母而不知其父”，这就是传说中“无父而生”的历史背景。玄鸟生商的传说，反映了早期商族是以玄鸟为图腾崇拜的。早期商族以玄鸟为图腾，便把这一部落的人，说成是起源于玄鸟。

今天，我们从历史唯物主义的观点来看，契本无父、玄鸟生商这一感天而生的传说，至少说明了契之前无父而生，契之后子孙相承，它反映了商族由母系氏族社会向父系氏族社会过渡的历史过程，也反映了商族以玄鸟为图腾这一历史的存在。

从“玄鸟生商”的美丽故事可以看出，契是商人的始祖，从契开始，商族由母系氏族社会过渡到父系氏族社会。

玄鸟生商雕塑

• 王亥经商，商业源自商部落 •

根据大量历史文献的记载和经学者们的考证可知，王亥是中国最早的商人，是中国商业的始祖，而王亥生活的区域在今商丘一带，所以商丘是中国商业的发源地。

学术界以商朝的第一个国君商汤为界，把商朝建立之前的历史称为先商史，把商朝建立之前的历史时期称为先商时期，把商汤之前的先辈称为商先公或商先王。从商朝的始祖契到商汤经历了十四世，也就是说商族有14个先公或者说是先王。王亥是第七位商先公，也叫商先公七世。

王亥在商朝人的心目中具有极大的威信，也有着很高的地位。根据出土的甲骨文中的卜辞记载，他的地位与契、商汤并列，是商先公中一位杰出的代表。

在《史记·殷本纪》中，王亥的名字叫“振”。“亥”是《山海经》和出土的甲骨文中的叫法。在商先公中，只有亥称王，名王亥。王亥的这个“王”虽与商汤及商汤以后的商王之“王”有不同的含义，但说明了王亥在商人的心目中有着很高的地位。不仅如此，卜辞中还多处称王亥为高祖，或称高祖亥。在出土的甲骨文卜辞中称高祖的共有三人，一为契，二为

华商文化广场王亥雕像

商汤，三为王亥，可见王亥的地位之高。

随着农业和畜牧业的发展，商部落到王亥时迅速强大起来，并向四周发展势力。由于产品有了剩余，出于发展和壮大本部落的需要，也出于换取奴隶主所需要的物品的目的，王亥与四周部落进行以物易物的商业贸易活动。据历史记载，王亥赶着牛车，拉着货物，带着商队，可能还有军队护卫，到位于今天河北中部易水一带的有易氏部落进行交易。在交易中发生了冲突，王亥被有易氏的国君绵臣杀害，与他同去的弟弟王恒幸免于难，逃了出来。后来王亥的儿子上甲微借助河伯的力量灭掉有易氏，并杀掉绵臣。

王亥之后，商人沿着他开辟的传统进行商业贸易，并逐渐形成了专门从事向远方贩运货物进行贸易的商贾。

王亥到有易氏部落进行商业交换活动，是赶着牛车去的。王亥时期的商部落能饲养猪、羊、牛、马，从饲养个别家畜到畜牧业逐步发达，既提高了人民的生活水平，又推动了社会的进步，王亥也因此受到后人的崇拜。著名学者胡厚宣甚至说“王亥是一个畜牧业的创始人”。

• 商汤都商，殷商历史起南亳 •

商汤是契的十四代孙，商朝的建立者，开国君主。

商汤任商部落的首领时，与夏朝的统治者夏桀同时。夏桀骄侈淫逸、任用奸臣、暴虐无道，对民众及所属方国部落进行残酷的压榨奴役，引起普遍的憎恨与反对。夏朝的统治风雨飘摇，国势渐衰。

商部落从始祖契开始，到汤的时候已经将都城迁了8次。商汤为了准备灭夏，将在商丘的都城进行扩建，称为亳邑。汤定居于亳（今商丘市虞城县谷熟集），为灭掉夏朝积极准备条件。他在亳这里积蓄粮草、招兵买马、训练军队。

《孟子·滕文公下》记载：“汤居亳，与葛为邻。”商汤在建立商朝前，居住在亳，即今商丘市虞城县谷熟集，与地处今宁陵县的葛伯国是邻居。

夏朝末年，夏桀残暴无道，民心不服。而此时，经过数百年的经营，商国积累了大量的财富，国力一天天强大起来，已经具备了和夏朝争夺天下的能力。商汤西征夏桀的第一个对象就是忠于夏朝的邻国葛伯国。灭掉葛伯国之后，又灭掉了夏朝的其他一些小国，最后灭掉夏朝，建立商朝，建都于亳。

商汤与位于今天开封杞县的有莘氏部落通婚，娶了有莘氏的女儿。结婚时，有个陪嫁的奴隶叫伊尹，伊尹辅佐商汤先是灭掉了夏朝，后又成为商汤的贤相，他也是中国历史上的第一个贤相。

汤是个识才之君，任用仲虺为左相，伊尹为右相。商汤有了仲虺和伊尹的辅佐，首先，治理好内部，鼓励商统治区的人民安心农耕，饲养牲畜。其次，团结与商友善的诸侯、方国。在看到商汤的仁义后以及仲虺、伊尹的鼓动下，一些诸侯陆续叛夏而归顺商，归商的诸侯数目迅速增加，商汤的势力也愈来愈大。

商汤灭夏后，建立了商朝，定都于亳。这个亳，就在今商丘市虞城县的谷熟集。

《史记》称商王朝的建立者商汤"始居亳，从先王居"。"亳"之地望，从汉朝开始，说法就不一样。有"六亳说"和"三亳说"。"六亳"的地点是：关中（陕西渭河平原一带）、河南偃师（西亳）、河南商丘（南亳）、山东曹县（北亳）、河南内黄、河南郑州。现在影响较大的为"三亳说"，其"三亳"即南亳、北亳和西亳。

南亳在今商丘市虞城县谷熟集。《孟子·滕文公下》里说"汤居亳，与葛为邻"，可见葛与亳相距不远。葛在今天的河南省宁陵县，距南亳约40千米，当是汤居南亳的重要证据。《帝王世纪》："殷汤都亳，在梁。""梁国谷熟为南亳，即汤都也。"《水经》也说："南亳也，即汤所都矣。"《括地志》则更进一步指出："宋州谷熟县西南三十五里南亳故城，即南亳，汤都也。"这些材料都明确

商汤庙

位于商丘虞城魏堌堆的伊尹墓

指出汤都之亳为南亳。

北亳距南亳不过百里，从文献记载可以看出，其地位应是拱卫南亳的门户，是南亳以外的另一都城（辅都、陪都）。这里有宫室、宗庙，更重要的是这里是一个军事重镇。北亳也叫景亳，是商汤讨伐夏桀的出发点，是商汤的军事大本营。

从文献记载看，西亳偃师也是商汤时期的都城之一，不过，它的建立时间要晚于南亳与北亳。具体地说，它是在商汤灭夏后，在南亳、北亳之外建立的另一个“亳”都。西亳一方面晚于南亳和北亳，另一方面位置也远离南亳和北亳。

可以看出，商汤所居之亳应该为商丘东南之谷熟，北亳为山东曹县，两者所距不过百里，南亳要早于北亳，是先商民族活动发展和商朝建立的主要根据地。由此观之，既然契居之亳、汤居之亳都在商丘，商先公也多在商丘一带活动，那么，先商文明源于商丘当是历史事实。

由于种种原因，商都屡迁，历史上有“前八后五”之说。据王国维考证，商先公时期就曾八迁。这八迁为：契自亳迁居蕃（今山东滕州市）、昭明迁居砥石（今河北泜水一带）、昭明归商（亳）、相土迁蕃、相土归商、上甲微迁于殷（今河北南部漳河一带）、上甲微归商、商汤灭夏定都亳。商先公八迁，其地点大多在今河南、山东、河北境内，但最后又都回到了商丘。

商朝建立后，又有过五次迁徙，即仲丁迁于隞（一作嚣，今河南郑州，商朝的两个王迁到郑州），河亶甲迁于相（今河南内黄东南），祖乙迁于邢（一作耿，在今山西河津市境，一说在今河南温县东），南庚迁于奄（今山东曲阜），到盘庚时最后定都于殷（今河南安阳）。可以看出，商朝建立后的五迁，其范围亦在今河南、山东境内，部分涉及山西、河北境内，但总不外黄河南北、距黄河不太远的地方。

考古发掘中，没有发现南亳遗址，留下了遗憾。为了找到南亳，1996年，美籍华人、美国哈佛大学教授张光直先生，带领中美联合考古队，来到商丘，寻找南亳。张光直先生尽管没有找到南亳，但发现了宋国的都城遗址，城区占地面积约10.2平方千米，约相当于当今商丘古城面积的10倍。距今3000余年的西周宋国都城遗址，被认定是截至目前考古发现的中原地区最大的都城之一，使用时间前后达1000余年，填补了宋国都城考古的空白。发掘资料表明，宋国都城始建于西周初年，历经春秋战国时期，一直延续使用到汉代，在汉代以后这座古城就废弃了，其起止时间正与西周初年封微子启于宋至西汉梁孝王刘武在宋国都城基础上筑梁国都城的史实相吻合。宋国都城的发现，为寻找早商和先商的都城和聚落遗址，提供了极有意义的线索。

• 微子启封睢阳，开700年宋国历史 •

商朝到了武丁以后，统治阶级越来越腐化，到商末帝乙、帝辛（即纣王）时，情况更为严重，统治者沉湎于奢侈、享乐生活之中，阶级矛盾尖锐。前11世纪，周文王的儿子姬发继位，积极准备灭商的战争。前1046年，武王伐纣，在商都朝歌郊外的牧野大战商军，商朝灭亡。之后两年，周公又东征平定了纣子武庚的叛乱，并压服了以奄为首的东夷诸部落，巩固了周朝的统治。

周王朝为巩固政权共封了71个国家，其中最主要的国家之一宋国是商纣王庶兄微子启的封国。宋国都于睢阳（今商丘），从微子启开始，经历了西周、春秋和战国，历32代，计736年。

微子启施仁政，深受人民爱戴。微子祠位于商丘市睢阳区南12千米的青岗寺村，商柘公路旁，始建于唐天宝年间，后

微子祠

泓水之战

子罕以“不贪为宝”的故事

遭多次毁坏，历代给予修葺，为商丘市重点文物保护单位。

宋国地处中原，与齐、楚、秦、晋等国相比，虽也曾有过一时的富强，但终未能跻身于强国之列。继齐桓公成就霸业之后，宋襄公也力图争霸。尽管史书把宋襄公列为春秋五霸之一，但宋襄公在与楚国的泓水之战中失败了，不仅霸业未成，自己还因此身受重伤，最后在第二年死去。

宋襄公的霸业尽管半途而废，但宋国在诸侯国中的地位较以前有所提高。春秋以来百余年，中原战争频繁，社会生产遭到严重破坏，人民生活苦不堪言。在此情况下，要求停止战争、实现和平的呼声越来越高，于是“弭兵”运动应运而生。宋国的执政官华元和向戌，在连年的战争中，奔走于大国之间，主持召开了两次“弭兵”会议。第一次“弭兵”会议是在前579年由华元发起的，约合晋、楚两大国在宋国相会，订立了互不讨伐的盟约。第二次“弭兵”会议是在前546年由向戌发起的，此次会议规模很大，除了燕、吴、越等偏远的国家外，几乎所有的国家都参加了，反映了各国普遍要求息兵的愿望。此后近100年间，中原很少有战争，这对恢复和发展社会经济、安定人民生活发挥了积极的作用。两次“弭兵”会议的召开，一方面保障了宋国的安全，另一方面维持了列国的和平共处，这是春秋中期宋国执政者的卓越成就。

由于宋国是商朝的后裔，周灭商后，商的遗民刻意保存和发展优秀的商文化，

微子墓

这些商文化经春秋战国这个大动荡时代的撞击和洗礼，迸发出灿烂而耀眼的光芒，形成了中国传统文化的精髓。孔子的祖先是宋国人，其五代祖避祸迁鲁。中国的儒家文化尽管诞生在山东曲阜，但由于孔子的祖先是宋国人，孔子本人也曾回乡省亲，所以宋国也就成了儒家文化的主要来源地和传播地之一。道家文化的创始人老子是今河南鹿邑人，鹿邑在历史上属于商丘；道家文化的另一代表人物庄子也是宋国人，这样，商丘就成了道家文化的发源地。墨子是宋国人，墨家文化也发源于商丘。名家的主要代表人物之一惠施是宋国人，于是，商丘又成为名家文化的发祥地。商丘大地上创造的古代文明和元典文化，使商丘在中国历史发展的长河中具有不可替代的作用和意义。

史料记载，宋国人“好稼穑”，是春秋战国时期主要的农业地区之一。宋国的手工业也非常发达，宋都睢阳（今商丘）是被称为“百工居肆”的在当时很有名气的手工业中心，其冶金、制革、漆器业在春秋战国时期处于领先地位。宋国境内的丝麻纺织历史悠久，丝织品颇受人称道，襄邑（今商丘睢县）的锦也很有名气。宋国的商业也非常繁荣，宋都睢阳城垣范围超过5千米，人口约10万，是宋国的政治、经济和商业交往的中心。

前481年，宋国灭掉了北邻曹国，扩大了自己的版图。此时的宋国，东面包括彭城（治今江苏徐州）、宿（在今安徽宿州），南面包括铚（在今安徽宿州西南）、鄼（今商丘永城境内）、柘（今商丘柘城县），西面与魏的宁邑（今商丘宁陵县）相邻，北部包括今山东定陶，与鲁国的郓（今山东郓城）相接。此时的宋国版图最大，力量也比较强大。进入战国以后，形势发生了变化，在“七雄”控制的局面下，宋国在政治舞台上渐趋销声匿迹。前286年，齐、楚、魏三国三分其地，宋国灭亡。

• 刘邦芒砀山斩蛇，商丘乃汉兴之地 •

前230—前221年，秦国先后灭掉了韩、赵、魏、楚、燕、齐六国，结束了春秋战国以来分裂割据的局面，实现了国家的统一。

高祖斩蛇

汉高祖斩蛇雕像

秦朝实行郡县制，在商丘一带设砀郡（治今河南永城市东北），置有睢阳县（今商丘市睢阳区）、柘县（今商丘市柘城县）、虞县（今商丘市虞城县境内）、栗县（今商丘市夏邑县境内）、襄邑县（今商丘市睢县境内）、蒙县（今商丘市梁园区境内）、酂县（今商丘市永城市境内）、外黄县（今商丘市民权县境内）等。

秦朝末年统治残暴，徭役赋税繁重，刑法严酷，社会矛盾尖锐，最终酿成了秦末农民战争。秦末农民战争的领导者陈胜和刘邦都与商丘有着密切的关系。

陈胜、吴广在大泽乡起义后，首先攻克了蕲（在今安徽宿州）。接着，陈胜亲率主力向西北及今商丘一带进击，连克铚（在今安徽宿州西南）、酂（今商丘永城境内）、苦（今河南鹿邑县）、柘（今商丘柘城县）、谯（今安徽亳州）、陈（今河南淮阳）等地。在东地，陈胜被拥立为王，号“张楚”。当时，商丘一带农民纷纷响应陈胜起义，“皆刑其长吏，杀之以应陈涉”。在今宁陵县，原魏宗室信陵君的后代也投奔到起义队伍中来。但是，起义军在西进灭秦途中，由于孤军深入，后援不继，致使受到挫折，先是吴广战死，接着陈胜在下城父（今安徽涡阳）被叛变的御者庄贾杀害。陈胜死后，将军吕臣杀了叛徒庄贾，并葬陈胜于永城芒砀山之中。今芒砀山保安镇西0.5千米处有陈胜墓，掩映在青山翠柏之中，墓碑上镌刻着郭沫若先生的手笔——“秦末农民起义领袖陈胜之墓”。

西汉的建立者刘邦在永城芒砀山起义，成为反秦的一支重要力量。刘邦，沛丰邑（今江苏丰县）人，曾是秦朝的一个小官——泗水亭长。有一次，刘邦为秦朝送刑徒去骊山服役，但路上刑徒纷纷逃跑。刘邦听之任之，不加阻拦，最后带着愿意跟随他的“徒中壮士”十余人，藏匿于芒砀山中，静观时变。一天夜里，刘邦酒后在山中小路上行走，突然，前面的人报告说，有一条大蛇挡住了去路。刘邦便自己走到前面，拔出佩剑，将蛇斩为两段。刘邦斩蛇后，即起兵反秦。由于刘邦后来取得了反秦的胜利，建立了西汉，所以，商丘永城芒砀山被称为“汉兴之地”。刘邦斩蛇处为一群山环抱地面平阔的小盆地，立有石碑一通，上书“汉高斩蛇处”。芒砀山主峰东山南坡有一个天然山洞，司马迁认为其是刘邦活动于芒砀山的藏身之所，说芒砀山有王气，后人因此称此洞为紫云洞或紫气岩。

• 梁国都睢阳，文人雅士汇聚三百里梁园 •

前206年，西汉建立。西汉在政治机构和政区体制方面基本上承袭了秦朝的制度。但在实现郡县制的同时，汉初又先后分封异姓王、同姓王，形成郡县制与封国制并存的局面。后来，刘邦在消灭异姓王后又大建同姓王国。其中，梁国都于睢阳（今商丘市睢阳区）。

梁国的始封者是异姓王彭越。彭越在前202年与韩信等合兵击灭项羽于垓下，因功封王。前196年，梁王彭越被告发谋反，被诛。刘邦改封次子刘恢为梁王。前181年，吕后徙刘恢为赵王，改封吕产为梁王。次年，吕后死，吕产作乱被杀，济川王刘太被封为梁王。文帝二年（前178），文帝少子刘揖被封为梁王。文帝十一年（前169），刘揖坠马而死，第二年，刘武被封为梁王。

刘武，汉文帝次子，景帝同母弟。文帝二年（前178）初封为代王，四年（前176）改封为淮阳王，十二年（前168）改封为梁王。景帝中元六年（前144），刘武在梁王位24年卒，谥为孝王，葬在芒砀山。今芒砀山保安峰东麓有梁孝王墓。

文帝时，同姓诸侯王势力膨胀，已

构成了对中央的威胁，于是贾谊向文帝上《治安策》，建议“众建诸侯而少其力”。但因为当时是西汉建国初期，为恢复和发展经济，文帝未立即执行。贾谊死后，文帝才付诸行动。景帝即位初，御史大夫晁错上《削藩策》，为景帝采纳。景帝三年（前154），削楚东海郡，削赵常山郡，削胶西六县，依次将削吴。这样，中央与地方的矛盾激化。久蓄异志的吴王刘濞纠集楚王刘戊、赵王刘遂、胶东王刘雄渠、胶西王刘卬、菑川王刘贤、济南王刘辟光，以“诛晁错、清君侧”的名义，举兵叛乱，史称“吴楚七国之乱”。

吴楚发兵向西力攻，梁国地处要冲。梁孝王拥护朝廷，率官吏和民众固守睢阳，使乱军不能西进。七国反后，朝廷震惊，景帝一方面命周亚夫率兵迎击吴楚军，一方面要梁王固守睢阳。在周亚夫与梁军将领韩安国、张羽的联合打击下，吴楚兵败，七国之乱被平息。

梁孝王刘武之母窦太后对刘武非常宠爱，让其王40余城，居天下膏腴之地，拥财巨万。这次在平定七国之乱中梁孝王又力阻叛军西进，为拱卫皇室立下了大功，于是“得赐天子旌旗，出从千乘万骑，东西驰猎，拟于天子”。梁孝王不仅享受了天子的待遇，而且在经济军事实力上也非常强大。不仅如此，窦太后还曾出言，要景帝身后传位给弟弟梁孝王。后来，梁孝王听说袁盎对景帝进谏，称不能改变立子的祖制，十分生气，竟与宠臣羊胜、公孙诡商议，派刺客到长安，刺杀袁盎及其他朝臣，计谋被察觉之后，景帝便疏远了梁孝王。梁孝王死后，景帝分梁国为五部

梁园遗址的银杏树

分，分立孝王的五个儿子为王——梁王刘买（都睢阳）、济川王刘明（都济阳，今开封市兰考县东北堌阳镇）、济东王刘彭离（都无盐，今山东东平东）、济阴王刘不识（都定陶，今山东定陶西北）、山阳王刘定（都昌邑，今山东西南部）。

梁国在孝王刘武时最为强大。特别是平定七国之乱后，梁国疆域辽阔，得到朝廷的赏赐也非常多，梁国土地除种植农作物外，还广泛种植树木桑麻，其蚕丝纺织和家畜畜牧业也相当发达。芒砀山资源丰富，冶铁业成为独立的手工业。梁都睢阳和定陶、彭城都是当时商业发达的城市。又逢“文景之治”的盛世，社会相对稳定，所以梁国成为其他诸侯国的翘楚。于是，梁孝王筑梁园，方三百余里，集离宫、亭台、山水、奇花异草、珍禽异兽为一体，成为帝王游猎、出巡、娱乐等多功能的苑囿。梁孝王“聘贤待士”，招延四方豪俊，海内名士望风而来。贾谊、枚乘、邹阳、严忌、司马相如等著名文人学士都是刘武的上宾，在梁国撰文作赋。贾谊的《治安策》、枚乘的《七发》《梁王菟园赋》、邹阳的《狱中上梁孝王书》、司马相如的《子虚赋》等都是脍炙人口的名篇。此外，梁国经学也非常发达，尤其是易学和礼学。西汉易学三大家施雠、孟喜、梁丘贺都源于梁人丁宽，《易》之京氏（京房）之学源于梁人焦延寿。梁国礼学的代表人物是戴德和戴圣叔侄，有《大戴礼记》和《小戴礼记》，人称大小戴之学。

梁王及王后死后多葬在芒砀山，在芒砀山发现的汉墓群规模宏大，凿工精细，出土的文物极为丰富，形成了独具色彩的汉墓文化。在汉墓中发现的金缕玉衣，对研究西汉的玉衣制用制度、诸侯王的埋葬制度、制玉工艺史等提供了重要的实物资料，在柿园汉墓出土的壁画填补了我国西汉早期壁画出土的空白，被称为“敦煌前的敦煌”。如今，芒砀山及其汉墓群是豫东一处非常宏伟的旅游景地。

• 张巡守睢阳，大唐江山起死回生 •

唐朝初年，商丘一带称宋州，隶属于河南道。唐玄宗天宝年间，改州为郡，宋州改称睢阳郡。

唐朝天宝十四载（755）十一月，范

张巡祠远景

阳、平卢、河东三镇节度使安禄山纠合史思明反唐。安禄山以讨伐杨国忠为名，从幽州起兵，很快攻陷东都洛阳，蹂躏中原。756年，安禄山在洛阳称大燕皇帝，然后兵分两路，向西进攻长安，向东进攻雍丘（今开封市杞县）、睢阳。东进的目的是夺取睢阳，卡住运河，扫荡江淮。当时为真源（今周口市鹿邑县东）县令的张巡，誓师讨贼，转战于豫东，活跃在东方战场上。

张巡，邓州南阳（今河南南阳）人，玄宗开元末进士，初任清河（今河北清河县西北）令，后任真源令。756年正月，叛将张通晤陷宋、曹等州，谯郡太守杨万石投降。杨万石逼迫张巡投降，张巡誓死不从，并起兵讨贼。张巡又引兵与单父尉贾贲合编，有士兵两千，进驻雍丘。二月，雍丘令令狐潮投降叛军，张巡气愤，杀令狐潮妻儿。令狐潮大怒，进攻雍丘，贾贲战死。张巡指挥军队击退令狐潮。三月、四月、七月，令狐潮又三攻雍丘，均被张巡打退。

从756年正月至十二月，在缺乏粮草、兵力单薄的情况下，张巡随机应变，以灵活的战术四次挫败令狐潮数万之众的围困，使雍丘城池固若金汤。此时，北方的兖州、郓州、曹州皆已失陷，宋州完全失去了北部屏障。驻守彭城的河南节度使嗣虢王李巨闻之大惊，夺路南逃，宋州又失去了东部支柱，形势危急。此时，叛将杨朝宗进攻宁陵，包抄雍丘，以绝张巡生路。张巡于是撤雍丘，退守宁陵，并与睢阳太守许远会合，派遣大将雷万春、南霁云等领兵战守宁陵北部，大战杨朝宗，斩

张巡祠大门

杀杨部将万余人。唐朝朝廷因张巡有功封张巡为主客郎中、副河南节度使。战后，许远守睢阳，张巡守宁陵。

757年正月，安禄山被其子安庆绪杀死。安庆绪自称皇帝，并任命大将尹子奇为汴州刺史、河南节度使，令其出师打通进攻江淮的通道。正月下旬，尹子奇率众13万直奔睢阳。睢阳太守许远向张巡告急，张巡乃率兵进驻睢阳，并与许远及城父令姚訚等合兵固守，首战告捷，斩敌2万余人。唐朝皇帝为激励鼓舞士气，诏任张巡为御史中丞，许远为侍御史，姚訚为吏部郎中。三月，尹子奇第二次围睢阳，当时，张巡、许远两军兵力不到万人，双方兵力悬殊。至七月，睢阳城内粮草绝尽，剩余的1600名将士又疾病交加。据守在临淮的贺兰进明和据守在彭城的许叔翼、尚衡等，皆观望而不肯救援。张巡、许远认为睢阳地理位置重要，是江淮的屏障，如果放弃睢阳，江淮也必然沦陷，于是决心坚守到底。他们与尹子奇进行了大小400余战，斩杀叛军12万人。粮尽以后，张巡与将士杀马煮纸而食。马尽，又罗雀掘鼠，煮铠食弩。十月，叛军攻城，城中仅剩400余人，皆病不能战，睢阳城终于陷落。张巡、许远、雷万春、南霁云等皆壮烈殉国，张巡时年49岁。

张巡、许远守睢阳，是平定安史之乱史上极其悲壮的一页。

睢阳城陷后三日，张镐的大军赶到，把正要进犯江淮的尹子奇打得大败。时隔三年，史思明又率兵攻打睢阳城，宋州刺史李岑为叛军所围，副元帅李光弼派河南节度使田神功前来救援，叛军撤退。

安史之乱是唐朝由盛到衰的转折点。张巡、许远守睢阳，有力地打击了叛军的嚣张气焰，彻底打破了叛军欲南下扫荡江淮的企图，保护了南方人民生命财产的安全，使东南经济在原有的基础上更加稳步地发展。睢阳之守，极大地削弱了长安、洛阳方面叛军的军事力量，为唐军光复长安、洛阳创造了极为有利的形势。

由于守睢阳有功，张巡死后，朝廷诏赠其为扬州大都督。宋大观年间（1107—1110），赐爵侯，谥号忠烈。睢阳人民为张巡等立庙，名六忠（张巡、许远、南霁云、雷万春、贾贲、姚訚）祠，岁时致祭。今古城南建有张巡祠。张巡的忠君爱国思想得到后人的肯定和怀念。

• 应天书院，文人学者的精神家园 •

应天书院，又称应天府书院，为中国四大书院之一，在成立时间上为最早，由于商丘是宋代赵家王朝的发祥地，所以在地位上，应天书院的地位也最重要。应天书院薪火相传，成为今天商丘高等教育的肇始。

唐末五代时期，天下大乱，割据一方的统治者无暇顾及教育。但当时宋州虞城却有一位“力学勤志，不求闻达”的学者杨悫。他聚徒授学，立志教育，兴办私学。杨悫办学为应天书院的肇始。杨悫死后，戚同文继其业。

戚同文是北宋初年著名的教育家，他是杨悫的学生，同时继承了杨悫的事业。当时宋州太守赵直为他在宋州筑室数楹，让他聚徒授学。戚同文学问渊博，精通五经，又执教有方，前后门下登第者相继不绝。一时睢阳戚先生之名，风布海内，声望鹊起，闻之拜谒请益之人从四方纷至沓来。宋州很快成为宋初中原地区学人荟萃之地。

宋真宗大中祥符二年（1009），应天府民曹诚，家资雄厚，藏书丰富，慨然有复戚同文旧学之志。他出资招募匠人，将府城中戚同文旧舍建成书院，邀请戚同文之孙戚舜宾主教。戚舜宾上继祖业，制定学规和开课范围，为人所乐道。应天府官员遂将此书院上奏朝廷。宋真宗看到奏报中的学样“学伦画一”，大为嘉叹，“面可其奏”，并正式赐额为“应天府书院”，使曹诚为书院助教。这是应天书院办学的开始。作为宋代地方官学来说，应天府书院成立最早，所以宋人曾说“州郡置学始于此”。宋仁宗天圣三年（1025），朝廷允许应天府书院在参加科举考试的名额中增加3人。仁宗明道二年（1033），朝廷又允许应天书院“置讲授官一人”。此后，北宋著名的文学家晏殊为应天知府，大力聘请名师任教。在他的推荐下，经朝廷批准，以教育家王洙为书院讲书。王洙知识渊博，是当时的硕学名儒。王洙在应天书院任教8年，为应天书院贡献了自己的力量。仁宗景祐二年（1035），应天书院改为府学，官府拨给学田10顷，充作学校经费。此时，晏殊又聘请因服丧而退居应天府的范仲淹入学，以授生徒。

范仲淹是北宋很有影响的政治家，他一生“先天下之忧而忧，后天下之乐而乐”，以贤能称颂于后世。他还是一位文学家，是北宋诗文革新的先驱之一。他与应天书院有着极为密切的关系，是应天书院培养造就了他，也是他在仁宗天圣年间振兴了应天书院。

应天书院

大中祥符四年（1011），范仲淹来到向往已久的应天书院求学，此时正是应天书院的鼎盛时期。范仲淹十分珍惜这一大好时机，刻苦攻读，立志成才。范仲淹在应天书院学习5年，生活非常艰苦，但他不以为意，树立雄心大志，终于学有所成。大中祥符八年（1015），范仲淹考中进士，出任广德军司理参军。可以说他是从商丘起步，踏上仕途的。

时隔12年之久，范仲淹的母亲在应天府去世，他在为母亲守丧而退居应天府时，受晏殊之聘，掌管府学。范仲淹在应天书院执教2年，兢兢业业，由是四方学者辐辏，为社会培养了一批优秀人才。

范仲淹带给应天书院的，还有他那身居学舍而胸怀国家的爱国爱民思想。在书院期间，他写下了《上执政书》，提出了一系列革新政治的建议。由此可见，范仲淹的改革思想，在此时已初步形成。他在应天书院授徒2年，实为以后庆历年间的新政做了人才上、舆论上的准备。

应天书院及府学聘请公师，整饬校风，由是四方学者云集，可与邹鲁孔孟讲学媲美。北宋初年，地方不许随便兴学，直到仁宗庆历四年（1044），朝廷从范仲淹之请，才下诏各路府州军监各自立学，于是地方学校逐渐兴起。庆历三年（1043），朝廷将南京（今河南商丘）府学改为南京国子监，其地位更高于一般地方学校，与东京（今河南开封）、西京（今河南洛阳）的国子监互相辉映。

应天书院历北宋一代而不衰，是由于官府重视、民间热心、内行经办、公师训导的结果。杨悫、戚同文、曹诚、晏殊、王洙、范仲淹等人都为之做出了积极的贡献，遂使商丘在北宋一代，人才济济，影响于全国，在宋代文化教育史上占有突出地位。

• 赵构南京称帝，南宋历史起商丘 •

两宋王朝（北宋、南宋）与商丘关系密切。北宋王朝的建立者赵匡胤曾在后周时期任归德军节度使，统领后周的禁军。960年，赵匡胤在开封东北的陈桥驿发动兵变，黄袍加身，回师开封。后周皇帝退位，赵匡胤正式当了皇帝，史称宋太祖，北宋开始。赵匡胤因为自己任归德军节度使的地方是宋州（今河南商丘），就定国号为宋，同时又改归德府为宋州。又因为赵匡胤发迹于宋州，并且声称当皇帝是顺应了天命，于是到了宋真宗时改宋州为应天府，而且定宋城县为次京，宁陵、楚丘、柘城、下邑、谷熟、虞城为次畿，处于仅次于开封及其各县的地位。大中祥符七年（1014），应天府又作为宋朝的陪都改名为南京，与首都东京开封、西京洛阳、天京大名合称为四京。

北宋对于商丘的重视，一方面是因为商丘是赵匡胤的发迹地，另一方面是因为商丘的地理位置非常重要。北宋定都开封，商丘即成为东南之门户，近可屏蔽淮、徐，远可南通吴、越。另外，商丘在当时还是一个商旅辐辏、经济繁荣的大都会，对开封经济、政治的发展起着重要的作用。

北宋后期，民族矛盾尖锐，契丹族

建立的辽国和党项族建立的西夏国都在觊觎北宋的土地，与北宋发生了多次战争。女真族兴起建立金国以后，先是灭掉了辽国，接着便进攻北宋。靖康二年（1127），金兵将俘虏的宋徽宗、宋钦宗带到北方，北宋灭亡，史称“靖康之变”（或“靖康之祸”“靖康之难”）。

金军在撤出开封之前，册立了原任北宋宰相、投降派头子张邦昌为“大楚”皇帝，让他替金人统治黄河以南地区，史称伪楚政权。伪楚政权迅即为人民所唾弃，宋朝的旧臣也大多倾向于徽宗的第九子康王赵构。因此，张邦昌被迫退位。赵构于靖康二年（1127）五月即帝位于南京应天府，改年号为建炎，史称宋高宗，南宋开始。

赵构在南京（今河南商丘）称帝，并且国号仍为宋，表明了南宋政权仍视商丘为宋的发源地，在商丘称帝继承北宋的统治是应天命、顺民心、合地气。赵构称帝之处在今商丘古城城湖南岸。

但是，赵构因为生活在投降派的包围之中，以致疏远抗战派，抗金不力，想逃往南方，偏安于一方。建炎元年（1127）九月，宋高宗听说金兵南侵，不问消息是否属实，立即准备南逃。十月，赵构从南京出发，月底逃到扬州。建炎三年（1129）二月从扬州逃到镇江，很快又逃到临安（今浙江杭州），自此开始了南宋以杭州为都城的统治。后人批评赵构抗金不力，偏安于一方，作诗嘲讽曰：“山外青山楼外楼，西湖歌舞几时休？暖风熏得游人醉，直把杭州作汴州。”（南宋林升《题临安邸》）

• 咸丰五年黄河改道，从此确定黄河流向 •

1368年，朱元璋在南京称帝，明朝开始。洪武初年（1368），降归德府为归德州，属开封府。嘉靖二十四年（1545），归德州又升为归德府，统管一州八县，即睢州（明初改襄邑为睢州）、商丘县、宁陵县、鹿邑县、夏邑县（明初改下邑为夏邑）、永城县、虞城县、考城县、柘城县。清朝沿袭明制，商丘称归德府，属河南省。直到清末，归德府仍统领一州八县：睢州、商丘、宁陵、鹿邑、夏邑、永城、虞城、柘城、考城。其中考城县始设于东汉，后与兰阳（金代始设）、仪封

黄河故道

（元朝始设）于1954年合并为兰考县。

黄河是母亲河，黄河流域是中华民族的发祥地，黄河下游的冲积平原在历史上相当长的时期内是中华民族活动的中心。但由于黄河中游流经52万平方千米的黄土高原，黄土结构疏松，容易被侵蚀。加上中游地区雨量集中，自然植被被破坏，水土流失严重，每年输送到下游的泥沙就有16亿吨，其中有4亿吨沉积在河床上，日积月累，使河床抬高，成为“悬河”“地上河”。黄河下游河床一般高出地面3～5米，最高处竟达10多米。因此，历史上黄河多次发生决溢和改道。据统计，从春秋时代到解放前2000多年中，黄河下游的决口泛滥达1500多次，改道26次，平均三年一决口，百年一改道。黄河改道最多的是下游，大的改道据史书记载有6次，其中清朝咸丰五年（1855）兰阳铜瓦厢（今兰考东坝头）决口改道是黄河历史上最后一次大的改道。

在北宋末年之前，黄河下游河道虽曾有多次变迁，但绝大部分时期都是流经今河北平原由渤海湾入海；从南宋初年到明朝中期，黄河下游河道流经商丘，分成数股汇集到淮河入海；从明中期到咸丰五年（1855），黄河下游河道经商丘单股汇淮入海，在这一时期，黄河大部分时间保持在今废（淤）黄河一线上；从咸丰五年（1855）到现在，黄河绝大部分时间都保持在今天黄河下游河道一线，没有流经商丘。

清咸丰五年（1855）六月，黄河在兰

黄河故道

阳县铜瓦厢决口，分成三股洪水，都在山东寿张县张秋镇穿越运河，挟大清河入海。于是，黄河下游结束了700多年由淮河入海的历史，又回到由渤海入海的局面。这次决口，清政府内部为黄河流经问题发生了争执。李鸿章代表安徽、江苏地主阶级的利益，反对堵住决口，主张听任河水流向山东、河北。山东巡抚丁宝桢代表山东地主阶级的利益，主张堵住决口，恢复黄河入淮故道。双方争执不下。由于当时太平天国运动的烽火席卷长江流域，清政府岌岌可危，无暇顾及治河，于是洪水在豫东、鲁西南任意泛滥，当地人民群众遭受极大的灾难。决口以后20年，直至光绪元年（1875），才最后形成了今天黄河下游河道。

黄河在兰考东坝头折而向北的场面，蔚为壮观，转弯处所形成的黄河湿地既是旅游度假的好去处，也是进行科学研究的理想场所。而横穿商丘全景的黄河故道，自西向东，水面宽广，蜿蜒曲折，碧水长年不断，并盛产鱼蟹等水产品。黄河两岸的申甘林带，被称为“故道绿色长城”。每年春天，梨花似雪，杏绯桃红，成为商丘一道亮丽的旅游风景线。

• 红色文化，功在历史励后人 •

红色文化是进行爱国主义教育和精神文明建设的重要内容，主要是指中国共产党领导中国人民在革命战争和和平建设时期建树丰功伟绩所形成的纪念地、标志物等文化遗产，以其所承载的革命历史事迹和革命精神为内涵，对后人进行革命历史知识、革命传统教育，从而振奋民族精神，增强“没有共产党就没有新中国”“只有社会主义才能救中国”的坚强信念。

商丘市红色文化资源较为丰富，大革命时期商丘火车站工人积极参加了震惊中外的陇海铁路工人大罢工；抗战时期中共各级党组织先后建立有中共苏鲁豫皖特委、永城县工委、豫东特委等，并组织建立各种抗日救亡群众团体和自卫武装，如吴芝圃在睢杞太地区组建的豫东人民抗日游击第三支队，沈东平、彭雪枫等人开创的以永城为中心的豫皖苏边区抗日民主根据地等；解放战争时期商丘是刘邓大军南渡黄河千里跃进大别山的起点和淮海战役的主战场，为人民解放事业做出了巨大的贡献；新中国建设时期党和国家领导人毛泽东、江泽民、胡锦涛、朱镕基等先后视察过商丘，并对商丘的发展做了重要的指示。

据不完全统计，目前商丘有各级各类红色文化资源31处，在河南省内属红色文化资源相对集中的地方，其中有各类革命遗址、纪念馆10余处。重要的红色旅游资源有：淮海战役总前委旧址、淮海战役总前委后勤机关旧址、中共中央中原局扩大会议旧址、淮海战役陈官庄地区歼灭战纪念馆暨烈士陵园、永城抗大四分校旧址、彭雪枫纪念馆、睢杞战役烈士陵园、民权李馆地道战旧址等。

对于商丘的红色文化资源，要充分挖掘其中的精神内涵，紧密结合现实状况，加大宣传力度，形成一定的品牌优势。

红色文化的载体有革命遗址、红军标语、革命诗歌、革命歌舞、红色菜肴、革命服装等。商丘市在挖掘“抗日烽火”“决战淮海”“千里跃进”等重要主题的同时，可以着重宣传淮海战役中老区人民支前活动中体现出的“手推车精神”，抗日战争中著名的“抗大四分校精神”和李馆地道战中体现的全民抗战精神等。

从资源学的角度来看，文化资源往往具有明显的多样性，红色旅游资源与绿色（自然生态环境）、古色（历史文化名胜古迹）旅游资源具有共生性，与当地优美的自然风景、著名的名胜古迹共生共存，交相辉映。商丘作为国家历史文化名城，拥有悠久的历史和灿烂的文化，是火文化的发祥地，是商文化的起源点，是汉梁文化的形成地。名胜古迹繁多，拥有商丘古城、芒砀山汉墓群、阏伯台、应天书院、黄河故道等一批具有发展潜力的文化旅游资源。在开发弘扬红色文化时可与地方历史文化、自然旅游资源有机整合，形成“红”“绿”结合、“红”“俗”结合、“红”“古”结合的有机整体。如淮海战役陈官庄纪念馆与永城芒砀山汉梁文化风景区的“红”“古”结合，李馆地道战遗址与黄河故道国家级生态园的“红”“俗”结合，淮海战役总前委等地的红色旅游资源与商丘近年来发展起来的双八镇的草莓、观堂乡的辣椒、宁陵的梨花节等农业观光游的“红”“绿”结合，共同打造独特的、复合型的红色文化整体。

注重与相关区域红色文化资源形成良性互动，“红”“红”结合，有机地融入红色文化旅游的大潮。从红色文化资源的分布来看，商丘市是沿黄河红色旅游区和豫东南红色旅游区的延伸。商丘是“东进序曲、决战淮海”的始发地，夏邑县彭雪枫将军纪念馆是以竹沟为起点的“中原抗日敌地游”线路的重要支撑点，做好这些景点的开发对于区内其他红色旅游景点的人气上升有很大的推动作用。同时，注重与周边省份红色旅游线路开发的结合。淮海战役范围广泛，商丘应与安徽、江苏的红色文化资源联合开发，离开了商丘永城淮海战役旧址，无论是安徽还是江苏单独开发的淮海战役景区，线路都是不完善的，所以无论从哪个角度和区域来讲，都应作为一个整体进行开发。

名人扫描

——古今商丘圣贤群星璀璨

商丘物华天宝，人杰地灵，是中华古文明的发祥地之一。这里出土的古黄河象、犀牛、马、牛、鹿等化石表明，距今一万年左右的商丘气候温和，土地肥沃，水源丰富，为远古氏族部落提供了理想的生息繁衍之所。在这里生活过的人有发明了人工取火的燧人氏，五帝中的颛顼、帝喾，酒祖杜康，墨子，庄子，神医华佗，汉末名臣桥玄等。帝王将相在这里演绎了波澜壮阔的历史，圣贤先贤在这里创造了光辉灿烂的优秀文化。这里英才辈出，名人荟萃，为中华民族的发展做出了卓越贡献。

桥玄舍子的故事

• 天下文字祖仓颉 •

在商丘市虞城县西北35里黄河故道南岸的王集乡，有一座高大的坟墓。墓前，枝繁叶茂的古柏掩映着一座大殿，殿门两旁的木柱上有一副对联："天下文字祖，古今翰墨师。"一块石碑上刻着"古仓颉墓"四个大字。这便是我国文字的发明人仓颉之墓。相传，仓颉是中华民族的祖先黄帝的史官，当时没有文字，为了记事，黄帝便命他造文字。仓颉看见鸟兽的足迹而受到启发，创造了文字，为人类文明和进步做出了巨大贡献。仓颉死后，即被葬于此。

相传，为了造字，仓颉跑了许多地方，向许多人请教。一天，他来到一条小河边，见一群人在河里捕捞。一个人捉到一只龟，丹甲青文，很是好看；另一个人捉到了一条鱼，来到河岸上，鱼从他手上滑下来，掉在沙土上，被捡起来后地上留下一个鱼形深印。仓颉见了龟纹和鱼痕，心里豁然开朗，就画其形状作为记事方法，后来用这种方法创造了许多象形字和会意字，解决了记事困难的问题。

仓颉造字

传说，仓颉因不能把人们需要的文字全造出来而苦恼，有一天来到商地的一座高丘下，人们问他因何苦恼，他告诉了大家。人们说，和其他人商量商量就能弥补自己的不足。他就和人们商量起来，结果商量出许多字的造法。仓颉感慨之下，想把这一天的事情记下来，但却没有商量的"商"字，他就按照象形和会意的方法造了个字：上部代表高丘，里边三个"口"字表示众口商量。后来经常长时间演变，成了现在的"商"字。

• 远古五帝之一帝喾 •

帝喾，姬姓，名夋，生于4000多年前的氏族社会时期，是我国上古时期的五帝之一。他前承炎黄，后启尧舜，奠定了华夏根基，是华夏民族的共同人文始祖。

柘城县柘桑树的故事

据《史记·五帝本

帝喾

纪》和《商丘县志》记载，帝喾高辛是黄帝的曾孙。帝喾生来聪明好学，善于思考问题，因此对事情理解深透，十二三岁便有盛名。15岁辅佐颛顼帝治理天下，受封于辛（今河南商丘市境内），称高辛氏，30岁代颛顼帝为天子（当时部落联盟的盟长）。

帝喾为帝之前，天下有经常作乱的四凶——讙兜、三苗、鲧相、共工，其中共工为四凶之首。当时颛顼帝已经年老体衰，共工乘机欲霸九州，颛顼帝便命帝喾统领部落前去扫灭。帝喾任用贤能，施展谋略，将共工挫败，最后逼共工怒触不周山而亡。随后，他又将其他三凶相继征服，使各部落相继宾服归顺，天下太平，黎民安康，受到颛顼帝的褒奖与各部落酋长和天下百姓的拥戴。颛顼帝认为他有帝王之才，大家也都认为他是颛顼帝最好的继承人。帝喾继位后建都于亳（今河南商丘），领部落 8 个，执政后游察四方，向百姓普施恩德，并以仁德、信义和勤劳教育人民，让各部落以和睦友好为上，互相亲善，国人伏首，齐颂升平。

帝喾好巡游。东到泰山、东海，东北至辽宁，北到涿鹿、恒山、太原，西北至宁夏、甘肃，西南至四川，南到湖北、湖南，都是他巡游过的地方。他还参观了女娲、少昊、黄帝等的遗迹，继承先人的美德而治天下。

帝喾更以自己的贤德抚教万民，将天下治理得很好，深得民望。

帝喾的坟墓在商丘市睢阳区高辛镇，陵前有帝喾祠、沐浴室和更衣室，古代人们来朝拜帝喾，为了表示对帝喾的尊敬，必须先沐浴、更衣而后朝拜。现在的帝喾陵仍然像过去一样接受着人们的朝拜。

• 中华火神阏伯 •

阏伯

郭沫若在《卜辞通纂考释》中说："阏伯亦即契也。"《史记·殷本纪》载："契封于商，赐姓子氏。"

阏伯在商地掌管对火星的祭祀，祈祷火星为人们降福，不要给人们带来灾难。传说，阏伯在这里除管理人们用火事宜和掌祭火星外，还观察星辰，测定自然变化，指导生产，为我国古老的天文学的发展做出了贡献。商丘的阏伯台是中国历史上最早的天文台之一。

阏伯死后葬于封地。由于他为改善人们的生产和生活条件日日操劳，人们感念他的功德，将他尊为"火神"。后人祭祀时每每为他的坟墓添土，最后将坟墓越添越大，像一座山丘，因为他的封号为"商"，于是人们称这座高丘为"商丘"。商丘之地名亦由此而来。《商丘县志》载："阏伯墓，即商丘也，世传阏伯葬此。"今天的商丘古城西南，仍然耸立着那座土丘，人称阏伯台，又称火神台。人们把阏伯的生日正月初七定为火神的节日，每年这一天，大家都到这里朝拜。附近山东、安徽、江苏等省的百姓也都到此祭祀火神，直到现在还是如此。

• 中华酒祖杜康（少康） •

杜康即少康，姒姓，夏代第六位帝王。

夏代传到禹的孙子太康时，权臣后羿乘其出外游猎之机起兵夺取了夏的都城安邑（在今山西夏县西北），扶持太康的兄弟仲康为夏王。仲康死后，其子相为帝。相懦弱，被后羿赶出京城，逃到商丘（今河南商丘睢阳区），后来又逃到帝丘

（今河南濮阳县）。后羿自立为王，用奸臣寒浞为相，没想到寒浞设法杀了后羿，自立为王，并夺了后羿的妻子，生子名浇。寒浞派浇带兵杀相。相在浇攻入宫中后自杀，其正怀孕的妻子后缗从后院狗洞里逃出，逃到了她的娘家有仍（今山东济宁境内），在有仍生了儿子少康。少康长大后在外祖父手下担任牧正（管理畜牧的官）。浇派臣下椒来有仍索杀少康，少康逃往有虞氏处（今商丘市虞城县境内）。有虞氏国君虞思仗义收留了少康，让少康担任庖正（管理膳食的官），并把自己的两个女儿嫁给了他，还把纶地给了他让他治理，并给了他兵士500人。少康把这块土地看作创业的根基，暗中联络夏朝的旧臣前来会合，设官分职，予以重用，势力很快壮大起来，便在纶地誓师，天下诸侯应者云集。少康攻克旧都安邑，把寒浞父子捉杀，即夏王位，史称“少康中兴”。

相传，少康少时在与母亲一起逃亡途中，曾以乞讨为生，讨得的秫粥吃不完时，就倒在一个罐子里存放起来。剩粥不能吃了，母亲让他扔了，他舍不得，放在了一个桑树洞里。有一天，他讨饭讨不到吃的，回去时从桑树旁路过，闻到一股异常的甜香气味，寻找气味的来源，发现是从那个盛剩粥的罐子里发出的，罐子里的粥发了酵，生出一种甜香。少康取出罐子回去让母亲看。母亲让他把发了酵的粥放在锅里煮煮充饥，没想到煮后甜香味更浓。少康做庖正后，便把秫粥储藏起来，发酵后分离出又香又甜的汁液，由此发明了秫酒。晋时江统所著的《酒诰》说：“有饭不尽，委余空桑，郁积成味，久蓄气芳，本出于此，不由奇方。”著名历史学家郭沫若在其主编的《中国史稿》中说：杜康即少康，夏王相的儿子，因遭寒浞追捕，逃到河南虞城依附有虞氏当了“庖正”，在此期间，他创造了用高粱酿制秫酒的技术。杜康因此被称为“中华酒祖”。

• 商业之祖王亥 •

王亥，阏伯的六世孙，子姓，“亥”为名，“王”为部落首领之意。

夏少康十一年，王亥的父亲冥受夏朝君主的命令治理黄河 王亥协助父亲。夏杼十三年，冥在治理黄河时身亡，王亥正式成为商族的第七任首领。

王亥在历史上最突出的贡献之一就是史书记载的“亥作服牛”。胡厚宣、胡振宇著的《殷商史》认为，王亥是中国畜牧业的创始人。著名历史学家郭沫若在其主编的《中国史稿》中说：“传说相土作乘马，王亥作服牛，就是驯养牛马，作为运输的工具。还有记载说，商的祖先‘立皂牢，服牛马，以为民利’。‘皂’是喂牛马的槽，‘牢’是养牛羊用的圈，说明他们很早就过渡到定居放牧的生活，服牛乘马，以为专利了。这样，就形成了农业生产的发展，形成农、牧相结合的经济，使这个部落很快兴旺起来。”“冥子王亥时，商族开始服牛，即用牛做负重的工具，并在各部落间贸易。”（《中国史稿》）王亥驯化牛，并发明牛车，使人们掌握了畜养和役使畜力的方法，是生产力发展和提高的重要标志。

王亥雕像

王亥的另一个重要贡献，就是《尚书·周书·酒诰》所言的妹土人“肇牵车牛，远服贾用”。妹土人即商族人。史学家们认为，以王亥始贾为代表的商业行为是中国商业的肇始，王亥也因此获得“商祖”的美誉。王亥所处的时代还是奴隶制初期，那时候，一国的人到另一国做生意是前所未有的事，因此，外国的人们见了干这一行当的，就知道是商部落的人，简称他们为“商人”。后来，“商人”就成了生意人的代名词。时间长了，商部落便有人专门从事这一事业，人们也就把这一事业叫作“商业”。其他国家的人看到了经商的甜头，就学着去做，一部分人也成了做生意意义上的“商人”。这种事业和这些称谓一直沿袭到现在，可见王亥对历史和社会的贡献之大。

王亥死后受到人们尊崇。据史料记载，王亥是商代被称为“高祖”的三人之一。商代人用最隆重的礼节来祭祀王亥。

商朝创立者商汤

商汤

商汤，商朝的创建者，又称成汤、武汤、天乙、成唐，甲骨文称唐、大乙，又称高祖乙。在位30年，其中17年为商国国君，13年为商朝君王。

夏朝最后一个帝王桀是历史上有名的暴君，他和奴隶主贵族残害压迫黎民，对奴隶残害更重，并且大兴土木，为自己修建豪华的宫殿，荒淫奢侈无度，老百姓怨声载道。那时，商汤为商国之君，都于亳（今河南商丘）。商汤施政宽和仁厚，布德施惠，致力于生产和经济的发展，对黎民轻赋薄敛，百姓亲附，令行天下，势力逐渐由黄河下游发展到中游，渗透到夏的统治地区。商部落还与邻国亲和，建立了强大的部落联盟，成为夏朝一个实力很强的部落。

商汤礼贤下士，任用贤能不拘一格。薛国君主仲虺治世有方，后来归顺于商国，商汤便让仲虺任了左相。伊尹学识渊博，见地深远，商汤让他担任右相，视他为师，虚心听从他的意见。《孟子》载："汤之于伊尹，学焉而后臣之。"

伊尹劝商汤担当起拯救天下的重任，以经济发展促国力强盛，达到灭夏的目的。他认为商业对经济发展很重要，建议商汤"开阖决塞"，拓宽商业渠道，促进商品流通。商汤采纳了他的建议。夏桀沉湎于宴乐，要求女乐身着漂亮的丝织衣裙。宫中三万女乐，加上其他丝绸用项，丝绸供不应求。商汤和伊尹看准了这一商机，让国民大量生产丝绸，换取夏朝的粮食和其他资源，商国国力日益强盛，而夏朝的经济却日益拮据。夏桀不许百姓冬天在河上架桥、夏天在河里渡筏，以便观赏人们受冻和受淹的样子取乐；把雌虎放在市街上，以观赏人们惊骇的情态。商汤则收贮蔬菜和粮食，给饥饿的人饭吃，给挨

汤王台

冻的人衣穿，对贫困的人给予救济；邻国发生灾难，商汤主动救济．一些友邻小国对商国感恩戴德，天下百姓归附商汤如流水。诸侯的归顺使一个以商国为首的部落联盟渐渐形成，夏桀逐渐陷于孤立。后来，商汤灭了夏桀，建立了商朝，定都于亳（商丘），历史上称“商汤革命”。

商朝建立后，商汤减轻征赋，鼓励生产，安抚民心，受到天下人拥护。此时的商王朝国势强大，众多方国、部族臣服，纷纷到亳进贡朝拜。

商汤是我国历史上有名的圣君，病逝后葬地在亳（今商丘城北）。

• 宋国第一君微子启 •

商朝末年和周朝初年，有一个十分有名的人物。他是我国历史上第二个王朝——商朝开国帝王商汤的后裔。他传承和发展了奠定中华民族历史文化基础的商文化，他的思想精髓“仁”成了后来几千年占统治地位的儒家思想的核心。他因封地为微，子爵，史称“微子”，又因名启而称“微子启”。周朝建立后分封诸侯国，他是宋国的第一代国君，因此又称“宋微子”。

商朝第29位帝王——帝乙有三子，长子名启（微子），次子名衍，三子名辛。

微子启

微子聪明睿智，性格谦和，做事沉稳，以仁德立身，但因其母身份微贱而未能继位。辛继位后为纣王。因纣王暴虐荒淫，微子启数谏而不被采纳，遂出走。周武王灭商时降周，后被封于商丘，国号宋。

微子为宋国国君后，始终牢记纣王亡国的教训，严于律己，勤于国政，不敢有丝毫奢侈，对人民更加仁爱，轻赋减征，鼓励人民搞好生产，积累财富，使人民安居乐业；对外和睦相处，受到东夷等部落的尊敬。在他当政期间，周朝的东方比较安定，受到周天子的赏识。司马迁《史记·宋微子世家》载："微子故能仁贤，乃代武庚，故殷之余民甚戴爱之。"

• 大成至圣先师孔子 •

孔子（前551—前479）名丘，字仲尼，是我国古代伟大的教育家、政治家和思想家，儒家学派创始人，世界最著名的文化名人之一。《商丘县志》载："孔子，本宋人，宋公微子之后。"《礼记·檀弓上》记载孔子自称："而丘也，殷人也。"

夏邑县孔子还乡祠的孔子雕像

宋殇公时，宋国爆发了华父督（即华督）之乱，宋殇公和大司马孔父嘉皆被杀害。孔父嘉的家臣为避孔父嘉灭门之灾，带着孔父嘉的儿子木金父逃到鲁国。木金父在鲁国定居，生儿子祈父，祈父生防叔，防叔生伯夏，伯夏生叔梁纥，叔梁纥生孔子。孔子三岁丧父，之后，在艰苦的条件下刻苦读书，好学不倦，以至学问渊博，且有圣德。孔子曾任鲁国司寇，后携弟子周游列国，宣传自己的主张，但没取得好的效果，最终返回鲁国，专心执教。他打破了教育垄断，开创了私学，弟子多达三千人，其中有七十二贤人，有很多人是诸侯各国的高官栋梁。孔子曾以祖上是宋人为荣，夏邑留有他的还乡祠，商丘古城留有他讲学的文雅台。

孔子对后世影响深远，被誉为天纵之圣、千古圣人，后世尊他为至圣（圣人之中的圣人）、万世师表、大成至圣先师。他曾修《诗》《书》，定《礼》《乐》，序《周易》，作《春秋》。《论语》是儒家学派的经典著作之一，其中有许多言论至今仍被世人视为至理。

孔子的理论不但极大地影响了中国，而且影响了世界，有的国家领导人把《论语》看成是治国的良方。美国诗人、哲学家爱默生认为孔子是全世界各民族的光荣。1988年，75位诺贝尔奖的获得者在巴黎发表联合宣言，呼吁全世界：21世纪人类要生存，就必须汲取两千年前孔子的智慧。

墨学创始人墨子

墨子（约前468—前376）名翟，宋国（今河南商丘）人，为宋襄公之兄目夷（又名墨夷）后裔，战国初期著名思想家、政治家、军事家、教育家和科学家，墨家学派创始人。在宋昭公时为宋国大夫，曾出使鲁国，以后均以平民身份谒见君相，谈论政治，高议战守。

墨子曾师从儒学派人士，熟读《诗经》《尚书》《春秋》等儒家典籍。后舍儒学，上承尧、舜、禹、汤、文王、武王、周公，下察百工实践，纵观春秋、战国之际百余年的政治变迁以及贵族荒淫、战祸延绵、平民疾苦的社会状况，创立以“兴天下之利，除万民之害”为主旨的新说，形成自己的墨家学派，有《墨子》一书传世，与儒学并称“显学”。

墨子反对诸侯互相兼并的战争。楚惠王时公输般为楚国制造云梯，准备攻打宋国，他得知后从鲁国赶往楚国会见公输般和楚王，对楚王说：攻打宋国是不义之战，不可。为了说服楚王，他解下衣带围作城池，与公输般比试攻守之术，连续九个回合，公输般使尽解数，不能破他的防守。他说，我已让我的学生去宋国按我的方法进行防守，你怎么能胜？终于使楚王信服不可攻打宋国而作罢。

他所创立的墨家学派的著作总汇《墨子》是中国古代最著名的守城战术典籍。

• 老庄学派创始人之庄子 •

庄子

庄子（约前369—前286），名周，字子休（一说子沐）。《史记·老子列传》附《庄周传》曰："庄子者，蒙人也，名周。周尝为蒙漆园吏，与梁惠王、齐宣王同时。"《集解》说："《地理志》蒙县属宋国。"西汉晚期的刘向《别录》说庄周"宋之蒙人"。唐代李吉甫所编《元和郡县图志》说："宋州（今商丘）小蒙故城，县北二十二里，即庄周之故里。"

庄周梦蝶

庄子一生贫困，曾做过贩卖栗子的商人，也曾织草鞋到集市上去卖。他经常批评显贵的儒家，抨击污浊的社会，追求精神的自由。传说，庄子生来聪明，老师教的内容，他大多都能倒背如流。但是，他觉得老师教的那些书上讲的道理，与社会现实风马牛不相及。他问老师："这些充满虚伪说教的诗书礼乐经典，读了有什么好处？你看那些满腹经纶，开口孔丘、墨翟，闭口尧、舜、文、武的人，一旦当了官，无一不是帮助昏庸残暴的国君残害百姓。那些书上讲的道理，完全成了无耻的人们变着法儿巴结权贵的手段。那些道理岂不是造就伪君子的理论吗？"老师无法向他解释，让弟子们就他的观点进行辩论。辩论最后却变成了以曹商为首的同学对他的批判，他多日闷闷不乐。

一天，庄子做了一个梦。《庄子·齐物论》说："昔者庄周梦为蝴蝶，栩栩然蝴蝶也，自喻适志与，不知周也。俄然觉，则蘧蘧然周也。不知周之梦为蝴蝶与，蝴蝶之梦为周与？周与蝴蝶则必有分矣。此之谓物化。"

庄子博览群书，学识渊博。他把"贵生""为我"引向"达生""忘我"，归结为天然的"道""我"合一。从"道未始有封"（即"道"是无界限差别的）一点上，他看出天人之间、物我之间、生死之间，以至于一切现象与本质之间，只存在着无条件的统一，即绝对的"齐"。在思辨的方法上，他把相对主义绝对化，转向神秘的诡辩主义。

庄子留下的《庄子》一书是道家经典之一。据《史记》记载，庄周"其学无所不窥，然其要本归于老子之言，故其著书十万余言，大抵率寓言也"。现存的《庄子》有33篇，其中内篇七，外篇十五，杂篇十一，文字雄美，想象丰富，故事生动，因此在表现他的道家思想的同时，也铸成了他卓越的文学成就。《庄子》一书在哲学、文学上都有较高的研究价值。

后世道教继承道家学说，经魏晋南北朝的演变，老庄学说成为道家思想的核心内容，庄子被神化，被人们奉为神灵。唐玄宗天宝元年（742），庄子被封为南华真人。宋徽宗时其被封为微妙元通真君。

• 西汉名相申屠嘉 •

申屠嘉（？—前155），西汉名臣，梁国（治今河南商丘市南）人，起初是一个力大无穷的武士，能拉强弓硬弩，后来参加刘邦领导的农民起义军，作战时因功升至队率。平定英布的时候，又因功升至都尉。在孝惠帝时升任淮阳郡守。孝文帝时升为御史大夫，后被任命为丞相。

申屠嘉为人廉洁正直。当时邓通是在宫中划船的黄头郎。汉文帝有一天夜里做梦，梦见自己上天老是上不去，刚好有个黄头郎在背后推了他一把，他这才升上了天。他对这个黄头郎只有一个印象：上衣的横腰中衣带在后面打了个结。汉文帝醒来后在宫中游玩，想起了梦中的情景，于是暗中观察，看划船的黄头郎中有没有像梦中那样打扮的，见邓通像梦中黄头郎那样穿戴，便觉得是天意。从此后邓通一步登天，被任为太中大夫，特受皇帝宠爱，常得到成千上万的赏赐。廉洁正直的丞相申屠嘉认为这是不正之风。入朝拜见皇帝时，他见邓通不按朝堂规矩行礼，且脸呈傲慢之色，奏完正事便向皇帝说：“皇上您喜爱您的宠臣，可以让他富贵，但朝廷上的礼节，却是不能不严肃对待的。”皇帝不高兴地说：“不要说了，我对他就是偏爱。”申屠嘉决心不饶邓通，回到相府，下一道手令，让邓通到相府来，如果不来就把他斩首。邓通害怕，告诉了文帝。文帝说：“你去后我立刻派人召你进宫，谅他不敢将你怎样。”邓通来到丞相府，摘下帽子，脱下鞋子，给申屠嘉叩头请罪。申屠嘉对他严厉训斥后要杀他，这时文帝派人来召邓通进宫，邓通才免受严惩。

申屠嘉担任丞相五年之后，文帝去世，景帝即位，朝中不正之风依旧，申屠嘉为端正风气百般努力，却不能得到景帝的支持。申屠嘉恨自己不能正朝廷之风，呕血而死。他光明磊落，讲究大节，死后谥号节侯。司马迁评价他说：“申屠嘉可以说是刚正坚毅、品德高尚的人，但是他不懂权术，大概这就是他和萧何、曹参、陈平这些前辈丞相的差异。”

• 汉朝开基功臣灌婴 •

灌婴（？—前176），“睢阳贩缯者（卖布帛的商人）也”。秦朝重农抑商，自“商鞅变法”后，严格限制商业的发展，主要措施有：在集市收取高额的市场租金；在主要道路关卡收取高额的关税；对商人编商籍（类似工商登记）；若商人破产则被收编为国家苦役。这些措施实施后，使商人的可预期利润远低于农户，商人的日子很不好过。灌婴目睹秦朝暴

灌婴

政，非常愤恨，决定弃商从戎，救民于水火。刘邦起兵之后，一路攻至雍丘（今河南杞县），后来退军于砀郡（治今河南永城市东北），灌婴毅然加入了刘邦的起义队伍，为推翻暴秦、拯救天下献出一份赤诚。他身有武艺，作战以骁勇著称，且有谋略，在战斗中屡屡立功，受到刘邦的青睐，成为刘邦的近臣。刘邦授命他领兵作战，他以英勇善战数次击破秦军，因功被赐爵为七大夫（颜师古注：七大夫，公大夫也；爵第七，故谓之七大夫）。在随刘邦由汉中进取关中时，他参与了攻塞王司马欣、围雍王章邯的战斗。楚汉彭城之战后，他被刘邦选为骑兵将领，此后率领骑兵参加破魏之战；接着出击楚军侧后，绝其粮道；继又跟随韩信攻占齐地，复深入楚地，迭克城邑，攻下彭城（治今江苏徐州市）。在垓下决战中，他不顾生死，穷追楚军，接连攻取江淮数郡。前201年，他因功受封颍阴侯。因战功显赫，人品高尚，在刘邦称帝后被加赐“食邑三千户”，并被刘邦拜为车骑将军，相继参加平定叛汉的作战。后来加赐食邑颍阴五千户。吕后死后，他因与周勃等拥立文帝有功，升为太尉。前177年，继周勃为相，次年卒。被追谥为“懿侯”。

灌婴在汉朝时德高望重，后世对其隆重纪念。他被认为是南昌城的创筑者，故俗称南昌城为“灌婴城”和“灌城”。《江城名迹记》记载，江西南昌人奉灌婴为南昌城隍庙城隍，南唐时封“辅德王”，南宋淳祐八年（1248）封“忠惠王”，颇得香火。灌婴又被认为是赣州的开创者，赣南客家名人公园主题雕塑为“灌婴开基”。

• 轻死重义的栾布 •

栾布（？—前145），西汉梁国（治今河南商丘市南）人，出身寒苦。彭越在家为农时，栾布就和彭越不断交往，二人常常外出交游。后来栾布给人当佣工养家糊口。几年后，彭越在去巨野的途中被盗。栾布也被人所骗，拐卖到燕国为奴仆，因曾替主人家报仇，被燕将臧荼推举为都尉（将军的属官）。臧荼后来成为燕王，封栾布为将。后来臧荼反叛，汉王击燕，俘获栾布，梁王彭越听说之后，向刘

栾布

邦进言，赎栾布当了梁国的大夫。后来栾布出使到齐国，还没返回，彭越被人诬告谋反，刘邦诛灭了彭越的三族，把彭越的头悬挂在洛阳城门下示众，说："有敢来收殓或探视的，立即逮捕。"栾布毅然去为彭越收尸，把自己出使齐国的情况面对彭越的脑袋汇报，边祭祀边哭泣。官吏逮捕了他，报告了刘邦。刘邦召见栾布，骂道："你要和彭越一同谋反吗？我禁令任何人不得收尸，你偏偏要祭他哭他，你同彭越一起造反已经很清楚了。"命令烹杀栾布。刘邦左右的人正抬着栾布走向汤镬的时候，栾布回头说："希望能让我说一句话再死。"刘邦问："你要说什么？"栾布说："当陛下被困彭城，兵败于荥阳、成皋一带的时候，项王之所以不能顺利西进，就是因为彭王据守着梁地跟楚为难的缘故啊！那时候，只要彭王调头一走，跟楚联合，汉就失败；跟汉联合，楚就失败。再说垓下之战，没有彭王参战，项羽不会灭亡。现在天下已定，彭王接受符节受封，也想把这个封爵世世代代地传下去。而陛下仅仅因为到梁国征兵彭王却因病不能前来就产生怀疑，认为他要谋反，诛灭了他的家族。我担心有功之臣人人都会感到自己危险了。现在彭王已死，我活着倒不如死去的好，就请您烹了我吧。"刘邦为之感动，赦免了栾布，任命他做都尉。汉文帝时，栾布担任燕国国相，又做了将军。

栾布对曾经有恩于自己的人，都会优厚地报答。吴、楚七国反叛时，栾布因打仗有功被封为鄃侯，又做燕国国相。燕、齐这些地方都替栾布建造祠庙，叫作"栾公社"。

• 中华神医华佗 •

华佗（？—208）字元化，又名旉，沛国谯（今永城华佗村，一说是安徽亳州，但只有永城有华佗村，且与亳州紧邻）人，东汉末医学家，与董奉、张仲景并称“建安三神医”。

华佗生活的东汉末期，军阀混战，水旱成灾，疫病流行，人民处于水深火热之中。当时的一位著名诗人王粲在其《七哀诗》里写的“出门无所见，白骨蔽平原”，就是当时社会状况的真实写照。目睹这种情况，华佗非常痛恨作恶多端的封建豪强，同情受压迫、受剥削的劳动人民。为此，他不愿做官，只愿做一个平凡的民间医生，以自己的医术为人民解脱疾苦。

他乐于接近百姓，行医足迹遍及江苏、山东、安徽、河南等地，深得群众的敬仰和爱戴。在内、外、妇、儿各科的诊治中，他曾创造许多医学奇迹，尤其以创麻沸散（临床麻醉药）、行剖腹术闻名于世。后世每以“华佗再世”“元化重生”称誉医家，足见其影响之深远。《后汉书》和《三国志》均为他专门立传。

华氏家族本是一个望族，至华佗时已衰微。他自幼刻苦攻读，习诵《尚书》《诗经》《周易》《礼记》《春秋》等古籍，逐渐具有了较高的文化素养。

华佗行医并无师传，主要是精研前代医学典籍，在实践中不断钻研、进取。当时我国医学已取得了一定成就，有《黄帝内经》《黄帝八十一难经》《神农本草经》等医学典籍，望、闻、问、切四诊原则和导引、针灸、药物等诊治手段已得到基本确立和广泛运用，华佗对前人创造的医学研究十分精到。《后汉书·华佗传》说他“兼通数经”“晓养性之术”，尤其“精于方药”，人们称他为“神医”。他曾把自己丰富的医疗经验整理成一部医学著作，名曰《青囊经》，可惜没能流传下来。但他的医学经验却没有因此被完全湮没，他的许多有作为的学生把他的医术继承了下来。

商丘民间流传着许多华佗医病如神的故事。睢阳区林河村流传着这样一则故事：村里有一个产妇生子大出血而死，村人抬着棺材为她殡葬时，正巧遇华佗出外行医。华佗见有鲜血从棺材缝里流出，急忙让人停下，说：“此人没死，为何埋葬？”众人不信。华佗让他们打开棺材，掏出银针为那位产妇针灸了几下，又把一个药丸儿塞进她嘴里，说：“抬回家去吧，到家就好了。”众人将产妇抬回家去。果然，没进家门，那产妇就活了过来，之后痊愈。

• 巾帼英雄花木兰 •

花木兰（生卒年月不详），传说其家乡现属虞城县营廓镇。

商丘民间传说，隋朝年间，突厥犯境，木兰的父亲名在军籍，但年老多病，无法从戎。而弟弟尚小，木兰于是女扮男装，代父从军。当时她已订婚，婆家在柘城，她与未婚夫推迟婚期，一道从征，她带兵打仗，未婚夫押运粮草。木兰征战疆场12年，屡建功勋，竟无人发觉她是女子。凯旋后，天子论功封其为尚书，木兰不受，恳请省亲。她带领军士返家后，脱去战袍，换上闺装，还了女儿面目，跟去的士兵大为惊讶，认为是自古未有的奇事，回报天子。天子闻讯立召木兰进宫，欲纳木兰为妃，木兰以死拒绝，撞死在金殿上。唐代，追封木兰为“孝烈将军”。历史上曾有《木兰诗》以文学手法赞颂木兰，脍炙人口。

在商丘市虞城县城南35千米营廓镇大周庄村有木兰祠，内有英姿飒爽的花木兰戎装立像和记载花木兰代父从军、征战疆场、得胜还家的雕塑及组画。元代元统二年（1334）所立《孝烈将军像辨正记》碑，碑文载有木兰身份，另外有清嘉庆十一年（1806）所立的《孝烈将军辨误正名记》碑。

以花木兰为题材的戏剧、歌舞剧、动画片、游戏等，光大了花木兰的形象，使之家喻户晓。

• 著名文学家江淹 •

江淹

江淹（444—505），字文通，南朝梁文学家，济阳考城（今民权东北）江集村人，据现存的《江氏族谱》载，其为当地江氏的第十七世祖。

江淹少时家贫，父亲早逝，他与母亲相依为命，以打柴为生，艰难度日。他上不起学，极羡慕能够上学的孩子。贫穷使他产生了发愤图强的志气，他常在打柴之余向村里上学的孩子学字。他生性聪明，并且读书之后过目不忘。江淹经历了南朝的宋、齐、梁三个王朝。其时正盛行绮丽、柔弱的诗风和文风，多数作者由于生活空虚而陷入玩味辞藻和典故或以文字游戏争胜的恶习。江淹在学习古人的基础上不入俗流，摆脱绮丽之风，写出了不少峭拔苍劲的诗作，有《恨赋》和《别赋》著称于世。《辞海》解释“江郎才尽”的典故说：“南朝江淹少有文名，世称江郎。晚年诗文无佳句，时人谓之才尽。后常用‘江郎才尽’比喻才思减退。”并借《南史·江淹传》的记载解释“五色笔”这一典故：“传说南朝梁江淹善诗，夜梦一男子，自称郭璞，对淹说：‘吾有笔在卿处多年，可以见还。’淹即从怀中取五色笔授之。此后作诗，遂无佳句，时人谓之才尽。”其实，他早年之所以能写出脍炙人口的作品，主要原因是他有丰厚的生活基础，加上对社会感触颇多，创作灵感勃发，才佳作迭出。后来之所以“才尽”，是因为做官磨去了他的才情。

江淹在仕途上走过了一段曲折而坎坷的历程。他早年不得志，中年依附萧道成、萧衍仕途才得顺利，被任为尚书驾部郎、骠骑参军事。齐朝时曾任尚书左丞、御史中丞、散骑常侍、左卫将军、金紫光禄大夫等，晚年被封为醴陵伯。他虽然得到职权不易，却不留恋权位，58岁便自动退职。62岁时去世。死后梁武帝穿着孝服为其举哀，追谥其为“宪伯”，将其葬于故里。

•“天下文官祖”沈鲤•

沈鲤

沈鲤（1531—1615），字仲化，归德（治今商丘市）人，明嘉靖四十四年（1565）进士，万历十二年（1584）拜礼部尚书，后又加少保、改文渊阁。他历嘉靖、隆庆、万历三朝，并曾做三代帝王的老师，因此被称为“天下文官祖，三代帝王师”，世称沈阁老、归德公。他是明朝著名政治家、理学家，有《亦玉堂稿》《文雅社约》等著作传世。

沈鲤一生为官清正，57岁时，因为忠心报国、不结党、不营私、不媚上，执法严谨，受排挤而告老还乡。返乡商丘后仍忧国忧民，多次上疏规劝万历皇帝勤政爱民，振兴朝纲，且为民请命修筑两道大堤：一道西起荥阳，东至洪泽湖，全长400余千米；另一道北顶东西黄河大堤，南由商丘古城北城郭外向东南至永城曹家洼，长90余千米，人称沈堤。堤修成后，豫东各县免遭洪水冲决。

沈鲤回乡14年后，万历皇帝念起老师的好来，于是下诏让沈鲤以原来的官位兼东阁大学士入阁参与机务。沈鲤屡屡推辞，万历不允。万历三十年（1602）七月，他再次入朝，时年已71岁。80岁时再次告退回归故里，85岁时病逝。

万历皇帝闻讯，颇为悲伤，赠衔太师，谥号文端，谕祭谕葬，并先后遣河南地方官员于首七、三七、七七、百日、周年、三年，六次谕祭，祭文多次称赞

沈阁老卖盆修河堤

沈鲤“乾坤正气，伊洛真儒”，并御笔亲书“责难陈善”“肖德世臣”二匾以赐。且先后累赠沈鲤之父沈杜、祖沈瀚、曾祖沈忠为柱国光禄大夫、少保兼太子太保、吏部尚书、文渊阁大学士。“皇恩波及，眷顾特隆，四世褒封，同列一品”，这在中国历史上实属罕见，同时也彰显出一贯“游戏政治”的万历皇帝对沈鲤视如父亲般的感情。

沈鲤在任时为明朝呕心沥血数十年，清正廉洁，一尘不染。年老后告老还乡，家中只有图书数卷，曾有盗贼入其室，只见其家徒四壁，感动得下跪表示敬佩之情。

• 清比海瑞的宋缥 •

宋缥（1522—1591），明朝重臣。字伯敬，号栗庵。商丘人，明嘉靖三十八年（1559）进士，初为永平府推官，后为山东道监察御史，历任山西按察使、顺天府丞、都察院右佥都御史、保定巡抚、户部尚书、吏部尚书等。

宋缥小时候以“至孝”名闻乡里。为官后清正廉洁，体恤百姓，不畏权势。迁山东道监察御史奉命巡按陕西时，他发现太监吕用等人倚仗权势横行霸道、欺凌百姓，立即上疏弹劾，使其大为收敛，不敢胡为。巡按应天府时，他力废陋俗，劝人们修筑圩田，以防水患。徽州太守何东序蒙冤坐牢，他巡按时辨明冤狱，为之平反昭雪，深受人们的称赞。他处处为国家和百姓着想，核定官职，裁减冗员，为国家节约粮饷，多次受到朝廷褒奖。万历十一年（1583）他在保定时，得知获鹿等县正值灾荒，百姓有饿死的情况，他不等奏请朝廷就开仓赈饥。身边的人劝他等朝廷降旨。他说：“报上去，再等批下来，老百姓都饿死了，那时候再开仓，还有什么用？要是朝廷怪罪下来，由我一人担当！”拜右检都御史巡抚保定时，往来要员甚多，有人劝他隆重接待将对他有好处，他说：“我不能搜刮民脂民膏来讨好他们以使我个人得利。”紫荆重镇两防费用过重，他“核缺伍，汰冗兵”，罢诸道来往调防，一年为国家节粮数万石，节饷银十余万两。一次，皇帝为了庆贺自己的生日，下令动用了二十万两白银作为筹备和赏赐的费用。他直接顶撞，坚决反对，虽未被皇帝采纳，仍能坚持己见。

在他做户部尚书的最后一年，都御史吴时来嫉妒他的贤能，害怕他的名声超过自己，在吏部尚书杨巍告老辞官之际，两次向皇帝上疏弹劾他。他知道后杜门在家，要求隐退，皇上不但不允，还任他为吏部尚书。他在吏部任职后就奖励廉洁官员，同时惩办贪污受贿奸狡违法的官员一百多个，受到朝野人士好评。大学士申时行嫉妒他的才能，多方跟他为难，他知道申时行的用意后，五次向朝廷申请退休，却都没有被皇上批准。

宋纁秉性刚直，庄慎端和，老成敏练，凝重有识，议事不苟。对上、对下、对己无不严格要求。仕途三十二年，七十岁卒于任上，实现了他当年的誓言："君子之为学也，将以成身而被天下国家之用也。"其灵柩由京城送往他的家乡商丘，迢迢千里，沿途农商士贾夹道迎送，焚香哭拜……当时有这样的民谣："南出海瑞，北出宋纁。"明神宗在悼念他的祭文中，称扬他"赋性直方，禔躬清介，抱置宪台，百僚见惮"，追赠他为太子太保，赐其谥号"庄敬"。

• 文学家侯方域 •

侯方域（1618—1655），字朝宗，商丘人，明末清初文学家。

侯方域生于官宦之家，祖父侯执蒲官至太常寺卿，其父侯恂崇祯时曾任户部尚书，其叔父侯恪曾任国子监祭酒。他十多岁时在京师随父学习，后来回到家乡，常与名士贾开宗、徐作肃等研习学问，切磋文章，曾以其文章的雄俊不群闻名遐迩。22岁去南京应试，参加了著名文学家张溥创办的以继承东林党遗志、团结四方名士为宗旨的进步社团"复社"。侯方域积极参加"复社"成员与阉党余孽的斗争，勇敢揭露阉党头子魏忠贤的干儿子阮大铖阴谋复辟的罪行，以其文章和气节与陈贞慧、冒襄、方以智并称"四公子"。在南京应试期间，由张溥介绍，他结识了秦淮名妓李香君（李姬），两人的爱情故事被传为佳话。李香君深怀爱国之心和正义之感，侯方域曾写《李姬传》以颂之。清朝戏剧家孔尚任以此为蓝本，创作了名剧《桃花扇》。

崇祯十七年（1644），李自成攻克北

京，阉党余孽马士英在南京擁掇党羽立福王朱由崧为帝，对“复社”人士进行残酷的迫害，侯方域逃离南京，先后投奔阁部史可法和总兵高杰，辅佐抗清。高杰被降将许定国谋杀后，侯方域回到故里，不久到徽州看望父亲侯恂，假道宜兴访陈贞慧，于陈贞慧家中被阮大铖逮捕。清兵南下，攻克南京，他出狱回到商丘，和贾开宗、徐作肃等人重振雪苑诗社。清顺治八年（1651），官府曾因为他对清朝不满欲立案查办，而且将祸及其父侯恂，官吏到其家中威吓，他为使全家和亲友逃避灾难，被迫参加了清朝的河南乡试，被录取为副榜贡生。顺治九年（1652），他34岁，立志著书立说，以不使年华虚度，建壮悔堂，著有《壮悔堂文集》和《四忆堂诗集》。37岁卒于家乡商丘。

侯方域最值得肯定的是他在文学上的建树。他的诗歌和散文在明末和清初都享有很高的声誉。他的诗文“以唐宋为宗，为其真者而不为其似者”。他无论作诗还是撰文，“不肯俯随人为经生言。故其每一篇出，人多惊异”（《偶更堂文集·侯朝宗遗稿序》）。待他的《壮悔堂文集》问世，“天下好古之士，既无不慕《壮悔堂集》而望之若云霄，奉之若蓍蔡者，三年于兹矣”；“《壮悔》《四忆》及《杂庸》制义一出而纸贵”（任元祥《侯朝宗遗稿序》）。时人读《壮悔堂文集》多有“数百年失之而一朝得之”之感。他的著作当时在全国影响极大，对改变当时的文风起的作用也很大。他与魏禧、汪琬并称清初“三大家”。他的诗歌继承了杜甫的现实主义思想，作品感人至深。他的散文倡导韩愈、欧阳修的革新精神，刻意创新，自成一家，当时的评论家称他“诗追少陵，古文出入韩欧不愧也”（《侯朝宗先生传》）。他的传记作品为文讲究，语言洗练，善于用白描手法写人，常常一波三折，起伏跌宕，《李姬传》和《马伶传》是其代表作。

• 清初廉吏汤斌 •

汤斌（1627—1687），清代初年名臣，字孔伯，别号荆岘，晚号潜庵。河南睢州（今商丘睢县）人。顺治九年（1652）进士，累官至潼关兵备道，后辞

清朝第一清官汤斌的故事

官从学于明清之际的著名理学家孙奇逢，成为当时程朱学派思想的代表人物，是把朱学理论付诸实践的倡导者。康熙二十三年（1684）升任内阁学士兼礼部侍郎。这年江苏巡抚出缺，康熙帝派他就任。

汤斌上任后整顿吏治，打击豪强，蠲免苛赋，建立义仓社学，宣传儒家经典等，受到康熙帝的宠信，被尊为理学名臣。康熙二十五年（1686）升任礼部尚书并再任明史馆总裁，次年改任工部尚书，十月病死。

汤斌是清初著名的廉吏。他在任江苏巡抚时，春季衙署空地上多生荠菜，其夫人率婢仆采集，拌豆腐作羹，可见其生活俭朴，民间因他姓汤称他为“豆腐汤”。他常说，士嚼不得菜根便做不得百事。他不但严于律己，还严格约束属吏，奖廉抑贪，吏治为之一清。汤斌生日，属吏不敢送礼，只集资做一寿屏为贺，特地请汤斌的好友、名士汪琬在屏上写寿文一篇，以为这样汤斌就难以推辞了，不料汤斌却只令人将寿文抄录留下，将寿屏退回。离任时，其行李与来上任时相比无所增加。夫人乘轿到江边上船，途中有败絮落于道上，路人见了无不泣下。他自己如此廉洁俭朴，却视民间疾苦为己患。初任巡抚不过数月，就一连上疏几十道，请求蠲免百姓钱粮，减轻了百姓负担。他对一切弊端都要痛加革除，而所有益民之措施必加以实行。江南多湖荡，其中生长莲芡，百姓采莲芡以补食粮不足。属吏请示照例收课税，他说：“朝廷因土作贡，不闻问诸水滨。例由人作，宽一分民受一分之赐。”不允所请。苏州等地多名胜，汤斌勤于政事，做巡抚两年，未尝一游。而苏北水灾，他却一年中四巡其地，考察民众疾苦，制定解决措施。他为政重视教化，江南各地盛行祭祀五通神，巫师则借此编造奇谈怪论欺骗百姓，从中渔利。他颁布严令，拆除庙宇，焚烧神像，行文所属州县，凡是这样的事情都明令禁止，巫师神汉俱被劝改业，否则严惩。江南各地繁多的神庙从此一蹶不振。至今，当地仍流传着汤文正公驱瘟神的故事。

•“清廉为天下巡抚第一”的宋荦•

宋荦（1634—1714），商丘人，清国史院大学士宋权之子，字牧仲，号漫堂，又号绵津山人，晚号西陂老人、西陂放鸭翁。商丘“雪苑六子”之一，著名诗人、书画家、文物收藏家和鉴赏家。

宋荦10岁能骑烈马，13岁始学声律、书法，14岁入朝中为三等侍卫，以勇猛见嘉，考试第一，应授通判。其父以弱龄不谙政事，令其读书乡里，追侯方域、贾开宗、徐作肃等讲习诗文，为雪苑社后起之秀。

宋荦任江苏巡抚14年，持大体，爱黎民，赈荒抚饥，深得人心，因此有诗称颂他：“惠爱黎元，宏奖髦士。心迹双清，沧浪之水。”被朝廷誉为“清廉为天下巡抚第一”。

宋荦的清廉和他的超人才干深得康熙的信任，不断受到康熙的赏赐。在他因操劳过度气脱而旧病复发时，康熙特“颁赐珍药”，并御书“福”“寿”二字赐之。康熙四十四年（1705）十月，宋荦气脱偃卧，廷医大用补剂方保无虞，病势稍减便立即登舟巡视民情，督促放赈。到扬州便病势缠绵，头晕气喘，日渐衰弱，医生皆云年老病剧，非静养不能奏效，倘再一触发，便难医治。但宋荦却说“江苏事务殷繁，非司卧理”。从此不难看出，宋荦为国为民已是鞠躬尽瘁。汪琬曾评论宋荦为政：“廉而不刿，严而不苛，抚循吏民，煦煦慈爱而不失之姑息。”宋荦不愧是皇帝的股肱之臣。

宋荦还是当时有名的诗人，在当时的诗坛上享有盛名，与号称“清初第一诗人”的王士禛齐名，康熙的御制诗也请他校正印刷。宋荦著作颇丰，传世之作有《绵津山人诗集》《西陂类稿》等。

宋荦于康熙四十七年（1708）以衰老乞休回籍，康熙五十三年（1714）入朝祝康熙六十大寿，加太子少师，复赐以诗，还乡。当年九月卒，享年80岁，葬于西陂别墅（今大史楼村前）。

寻根问祖

——老家在商丘

商丘是中华古文明的发祥地之一，也是中国姓氏文化的重要发源地。

姓原为一种族号，氏原为姓的分支。秦汉以来，姓氏合为一体。中国姓氏的来源有很多，主要有以氏为姓、以国名为姓、以邑名为姓、以乡亭名为姓、以居住地为姓、以先人的字或名为姓、以官职为姓、以技艺为姓、以谥号为姓、赐姓、因避讳和其他原因而改姓等。商丘历史悠久，文化灿烂，三皇之首的燧人氏曾活动在这一地区，五帝之一的颛顼曾迁都于此，五帝之一的帝喾曾建都于此，中国文字鼻祖仓颉曾在此造字，远古的商族及其以后的商国都在此，后来商汤建立商朝都于此，商丘是春秋战国时的宋国……燧人氏墓、远古商地的标志商丘（阏伯台）、仓颉墓、帝喾陵、商国和商朝的都城亳、中国第一位贤相伊尹墓、春秋时的宋国古城遗址、宋国第一君微子墓、宋宣公墓、宋武公墓、宋戴公墓、宋襄公墓……从远古至今数不胜数的历史符号，无不系着姓氏产生的重要元素，许多姓氏都与商丘有着千丝万缕的联系。仅因帝喾及其后裔产生的源于商丘的姓氏就多达1240多个，因宋国产生的源于商丘的姓氏多达80余个。

• 商姓发源古商地 •

商姓在我国历史上是一个神圣的姓氏。商姓的产生主要有四：以住地为姓、以族名为姓、以国名为姓、以朝名为姓。四源一脉，绵延了5000多年。

河南商丘在黄帝时期为商地，商地人以住地为姓，为最早的商姓。据《左传》载，东夷少皞氏以鸟名为官名，有玄鸟氏。史家认为，后来东夷西迁，玄鸟氏于商地定居，后以地名代氏族名而有商族。商族源于玄鸟族，谓之玄鸟生商，后人把氏族名“玄鸟”视为鸟类中的玄鸟（燕子），以此神化其祖先，有了“天命玄鸟，降而生商”的神话。商族有以族名为姓者。尧命黄帝曾孙帝喾之子契“为司徒，使布五教，而民辑。及虞不废，是以受商赐姓子氏”（《路史》），始有商国，商国人有以国名为姓者。契传十四世到商汤，灭夏建立商朝，都亳（今河南商丘）。《通志·氏族略》载：“后商被灭于周，子孙以国（朝）为氏。”

战国时，商姓已分布于今河南商丘、山东曲阜等地，两汉之际辗转播迁于今河南平舆、陕西西安以及豫鲁交界的今河南濮阳一带，魏晋南北朝时期，商姓呈放射状向周边播迁，今甘肃、山西、河北、安徽、江苏、湖北等地均有商姓人入居。隋唐之际，商姓之主流依旧繁衍于北方，而在南部省份也得到了发展。北宋时，河南商姓人流寓西夏，南宋时在南部省份的分布区域进一步扩大。宋末元初，商姓有避乱播迁于福建、广东等地者。明初，山西商姓作为洪洞大槐树迁民姓氏之一，被分迁至河南、河北、山东、陕西、甘肃等地。清康乾年间及其以后，山东、河南、河北等地之商姓有闯关东进入东北三省的，后扩展至内蒙古之东北区。此间华东、华南沿海之商姓有渡海赴台湾者。后来商姓分布之地愈来愈广。

商姓不乏历史名人。商朝时有贤臣商容，为纣之礼乐之官，《史记·殷本纪》载：“商容贤者，百姓爱之，纣废之。”

我国著名的数理天文学著作《周髀算经》中记述了殷末周初的数学家商高与周公讨论数学的情况。春秋末年的商泽为孔子弟子，为七十二贤之一，以涉览六籍为乐。春秋末年，孔子把《易经》传授给鲁国人商瞿，商瞿成了《易经》的最早传承人。元朝初年商挺任京兆宣抚司郎中，抚定关中，著有《藏春集》6卷。明朝商辂官至兵部尚书，成化初进谨身殿大学士，著有《商文毅公文》。明朝商大节官至右副都御史。

• 商的始祖发子姓 •

子姓源于帝喾的儿子契。《史记·殷本纪》载："契长而佐禹治水有功。帝舜乃命契曰：'百姓不亲，五品不训，汝为司徒而敬敷五教，五教在宽。'封于商，赐姓子氏。"于是便有了中华子姓。

"五教"是针对五种主要的社会人际关系实施的教育。古人认为，父子、君臣、夫妇、兄弟、朋友之间的伦礼遵守，是构成社会最重要的五种人际关系，又称为"五伦"。五伦教育是文明社会的开端、和谐社会的基础。孟子将"五教"表述为"父子有亲、君臣有义、夫妇有别、长幼有序、朋友有信"，使之成为儒家教育思想的核心内容、数千年中国社会的主流价值观。契"能育其教，卒致其名"（《说苑》），在教育方面做出重大贡献，是中华民族的祖先为后世树立起来的第一个师表典范。

现代著名史学家和考古学家郭沫若在《卜辞通纂》中说："契与阏伯是一非二。"宋朝章如愚《祀大火》说："太常礼院言：阏伯为高辛火正。"《商丘县志·阏伯祠记略》云："睢阳古宋地，本帝喾高辛氏子阏伯所居之商丘。……伯，火官，掌祭火星，行火政，后世以为火祖。"阏伯死后，人们怀念他的功德，把他葬在了他生前存放火种的土丘上。后来，人们做饭、照明、取暖……一用火就想起阏伯来，就在那座高大的土丘上建了一座庙，用泥塑成阏伯的像，供在庙里，尊为"火神"。

子姓的播迁也是中国远古历史的经典。契在自己的封地——商传到其第十三代孙商汤时曾八次迁都，不但扩大了子姓的覆盖面，而且广泛传播了子姓文化（即商文化），最后在亳定居下来。

子姓名人辈出。《商丘县志》载："相土，契之孙，封商丘，代阏伯主火祀。能益恢先绪，有盛德，入为王官之伯，出长诸侯。"《史记》说："相土任夏，功著于商。”相土驯马并发明了马车，开创了我国历史上以牲畜为使役、以马和马车为运载工具的纪元，并以此为依托发明了商业。以马驾车的发明把人从“挽车”中解放出来，极大地促进了运输业和农牧业的发展，相土被后人誉为“农神”。

《竹书纪年·帝杼十三年》载：“十三年，商侯冥死于河。”冥带领民众与水患搏斗了20多年，最终以身殉职，获夏帝赠官司空，被后世商王尊为“高祖河”，是享受天子高规格祭祀的子姓先公，更被后人视为水神。

冥子王亥开始利用牛作为负重的工具，在各部落间进行贸易。著名历史学家郭沫若先生说，相土和王亥时期，服牛乘马，以为专利，形成农、牧相结合的经济，使这个部落很快兴旺起来。农业的发展促进了农业和畜牧业的分工，农业和手工业之间的分工也相应地扩大了。因此，商人和其他部落之间的交换是比较活跃的。相土、王亥被后世尊为经商做买卖的“商人”始祖，商业、商人、商品、商店之名均源于商丘。

子姓从契至商汤传十四世，汤推翻了夏朝，建立了商朝，开始了中国历史上的第二个朝代。

• 汤姓源出商都亳 •

汤姓主要源头在河南商丘。据《通志·氏族略》记载，汤氏得姓始祖为子姓的商汤，属于以先祖谥号为氏。商汤灭夏后建立商王朝，定都于亳（今河南商丘），逝世后，其子孙中有以先祖的字“汤”为姓氏者，为河南汤氏，史称汤氏正宗。

商汤后裔宋桓公封三子汤原于睢阳荡邑，为荡邑大夫，官拜司城，曾改为荡姓。后由荡意诸继任，荡意诸以封邑名为姓，另立公族，史称荡氏。宋文公时，荡氏因参与宋国司马荡泽叛乱，被诛杀，幸存者逃入楚国，被封为荡侯。楚国唆使荡侯伐宋，攻宋国彭城，荡侯被俘，荡家军流散于江苏、安徽、河南、江西、湖北等地，为避祸而去荡字的草字头改归汤氏。唐时，苏州汤贲、汤桑先后出任宋州（今

汤

河南商丘）太守，汤氏又陆续回到祖地，成为睢阳望族。唐末天下大乱，汤氏为避战乱，举族渡江迁徙到江宁（江苏南京）定居。元末，汤宽由安徽落户河南商丘，汤氏又成睢阳望族。清初，汤斌家族来到商丘，汤氏开始了鼎盛时期。

另外，周朝宋国最后一个君主子姓戴氏名偃，为商汤后裔，自立为王，都睢阳，壮大成五千乘之国，但最后被齐、魏、楚三国所灭。偃有弟子昌，秦时，子昌有子名子隆，学识雅博，秦始皇“焚书坑儒”，子隆畏其祸及，遂改姓为汤，其后裔子孙世代相传至今。

先秦时期，汤姓主要活动在中原地区，后来东移至江苏等地，汉朝时南涉越南北部，唐朝时移民南下，分布到安徽、浙江、江西、湖南、四川、福建等地，明朝时南迁至两广地区，清初进入台湾。

汤姓在历史上名人辈出。汤显祖，明戏曲作家、文学家，所著《紫钗记》《还魂记》（即《牡丹亭》）、《南柯记》《邯郸记》，合称“临川四梦”，或称“玉茗堂四梦”。汤斌，清初理学名臣，以廉洁奉公闻名朝野。台湾著名史学家高阳先生所著《清官册》，首推汤斌为康熙盛世“清官册上的第一名”。

• 天下宋姓源于商 •

中国宋姓出自子姓，以国名为氏。

周朝建立后，周武王封商王帝乙长子微子启于宋。宋国历26世700多年，后为齐、魏、楚三国灭而分之，微子启及其弟微仲之子孙中有以国为氏者，称宋氏。《通志·氏族略》有载：“宋民，子姓，商之裔也。”

宋国灭亡后，宋姓民众逐渐播迁。在秦汉之前，宋姓人已散居今江苏、河北、陕西关中、湖北等地。汉初高祖刘邦采纳娄敬的建议，将中原一带豪强势力迁入关中，宋姓豪强自然不能例外，此期为京兆宋姓的开基之初。后不久，京兆宋姓一支西迁入甘肃敦煌，一支东迁入虢州（治今河南卢氏县），一支南迁入江夏安陆（今属湖北）。与此同时，定居西河介休（今属山西）的宋姓一支迁往广平（今河北鸡泽县），一支迁往弘农（今河南灵宝），其中广平宋姓在十六国和南北朝时期因历

宋

代都有入朝为官的，在当时宋姓各望族中成为最显赫的家族。

宋姓入闽始于唐安史之乱之后。唐玄宗时名相宋璟，望出西河，从邢州南和（今河北南和县）迁河南光州固始（今河南固始县），其子宋易曾任福建观察推官，宋易之孙宋骈也随之入闽居莆田，而宋骈弟宋臻也南徙迁居于福建侯官县镜江落籍，成为镜江宋姓的始祖。五代时，有辰州蛮国南郴加入宋姓。宋时，有宋哲任丹阳迁广平（今属河北）。宋哲之后有宋军兄弟七人，“长、二分北京、江南、山东，三、四、七同迁江苏宋家埠，五、六子元东派发江西省赣州府宁化县土龙坑，瑞金青草潭”（见《中坜宋氏族谱序》），此系后裔广布。北宋时的宋庠、宋祁兄弟从湖北安陆迁至河南开封雍丘（今河南杞县）。总之，唐代以前，宋姓南迁繁衍不太广泛，而宋代以后，宋姓开始遍及大江南北。元明清至今，宋姓遍布全国。

宋姓历史名人众多。战国时期著名哲学家宋钘，宋尹学派创始人及代表人物，继承老子思想，提倡“接万物以别宥为始”，提出“情欲寡”“见侮不辱”说，反对诸侯间的兼并战争，孟轲与庄周都很尊敬他，称之为“先生”。战国时宋玉为屈原之后的辞赋家，“下里巴人”“阳

宋楚瑜微子祠寻根

春白雪""曲高和寡""宋玉东墙"的典故皆因他而来。唐代有贤相宋璟、诗人宋之问。宋代有文学家、史学家宋祁，法医学家宋慈。明代有清比海瑞的吏部尚书宋纁、科学家宋应星。清代有吏部尚书、著名诗人、收藏家、鉴赏家宋荦。近代有宋教仁、宋子文及宋庆龄、宋美龄等。

宋姓始祖宋微子是孔子称道的殷商"三仁"之一，尊祖至仁为宋氏传统。他们慎终追远，不忘先祖和祖根，多年来，来河南商丘寻根谒祖者甚多。如印尼华侨宋良浩先生曾多次来商丘寻根拜祖，并慷慨解囊，为商丘的教育事业做出了巨大贡献，受到了家乡人民的高度赞扬和河南省政府的表彰。2009年3月30日，台湾地区亲民党主席宋楚瑜先生和夫人陈万水女士来河南商丘寻根谒祖，并在微子祠和阏伯台题词留念。

戴姓根在睢阳城

戴姓出自子姓，为商汤后裔，以谥号为氏。

据《元和姓纂》及《古今姓氏书辩证》记载，都于睢阳的宋国第十一位君主撝即位后，中原地区大面积遭受虫灾，宋国庄稼减收严重，有的地方甚至绝收，百姓苦不堪言。为减轻国民负担，撝决定对王室实行四项改革：废除公田、籍田，田赋由十分之一减少至十二分之一，王室停止酿酒；国家除宴请外国宾客外，所有筵席停止用酒；王室用餐减少菜肴数量。他率先垂范，以身作则，停止饮酒，每餐只有两菜，使原先对他的改革有不同意见的人也心悦诚服。之后，他到城里城外视察民情，见很多饥民没有饭吃，几乎饿死，便立即下令开仓放粮，赈济灾民，对陷于病饿之中、生命垂危的饥民进行抢救，并亲自投入救灾之中，带领臣子组织人力修建房屋，安置灾民。当时的人们迷信天地，认为灾祸是天地神灵降于国民的，他便在城外设坛祭告天地神灵，祈祷说："我是国君，如果国民有什么地方得罪了神灵，都是因为我教化不够，一切罪过都由我一人承担，祈求把灾祸降到我自己身上，不要让国民受难。"同时，他积极组织国民实行自救，带领臣子到民间寻求发展生产的办法，发现后就大力推广。他

戴

如此呕心沥血，不辞劳苦，没几年宋国农民大都用上了新式农具，农业产量随之提高，宋国渡过了灾荒，经济逐渐发展，国家日益强盛。邻国还没摆脱灾难，他就进行帮助，受到周边国家的拥护。其功劳和美德受万民称颂。他在位34年卒，举行国葬，人们长途跋涉为其送葬，长跪不起。周平王特赐谥号为“戴”。

戴公传子宋武公司空，其子孙遂以其谥号“戴”为姓。先秦时期，戴姓主要在其发祥地豫东一带繁衍发展，后有戴姓由河南商丘迁居安徽者。西汉时，戴姓有为避战乱南迁至广陵（今江苏扬州）者，另有一支由豫东迁往山东半岛。西晋“八王之乱”和五胡乱华时中原烽火连天，中原戴姓大举南迁。盛唐时戴姓在陕西、山西、湖南、江西等地均得以发展繁衍。宋元之际，随着金兵南下和蒙古骑兵侵扰，戴姓人有南迁福建、广东者，并有数十人迁往台湾高雄、新竹、桃园、内浦等地。明洪武年间，戴姓作为明朝洪洞大槐树迁民姓氏之一，迁于陕西、河南、安徽、山东、河北、东北、江苏等地。清代亦有福建戴姓陆续迁往台湾者。如今，戴姓已分布于全国各地，并有移居海外者。

多年来，海内外戴氏宗亲不忘祖根，多次组团到河南商丘寻根拜祖，并为商丘的建设做出了巨大贡献。2009年11月，几十个国家和地区的戴氏宗亲1500多人在商丘举办了盛大的拜祖活动。

戴氏宗亲代表团在三陵台举行祭祖仪式

历史上戴氏名人辈出。西汉时，戴德（宋戴公的二十二世孙）、戴圣（戴德之弟戴仁之子）同学《礼》于经学大师后苍，选辑古代各种有关礼仪的论述，分别编成《大戴礼记》和《小戴礼记》。戴德曾任信都王（刘嚣）太傅，宣帝时，立为博士，称“大戴”。戴圣曾任九江太守，宣帝时立为博士，参加石渠阁议，世称“小戴”。戴姓世代有政界和文化名人，为中国历史文化的发展做出了杰出贡献。

• 孔姓祖籍在商丘 •

商族始祖契为子姓，商王商汤字天乙，其后代以子加乙始为孔氏。

据《元和姓纂》载，殷汤之后，周初微子启封宋；传至宋湣公六世孙孔父嘉，为宋穆公、殇公大司马，殇公三年为同族宋华父督所杀，其子木金父逃避鲁国奄（今山东曲阜）地，其后人遂以王父字为氏。木金父生祁父，祁父生防叔，防叔生伯夏，伯夏生叔梁纥，叔梁纥生孔子。

孔子名丘，字仲尼，祖籍宋国，生于鲁国，中国历史上著名的思想家、教育家。孔子崇尚殷礼，一直保持着祖先的礼制和风习。婚姻上孔子也沿袭殷商风俗，“孔子三岁而叔梁纥卒，葬于防。至十九，娶于宋之亓官氏……”《礼记·儒行》记鲁哀公向孔子询问儒服之事，孔子未明言，而以殷服“乡服”答对，并说：“丘少居鲁，衣逢掖之衣。长居宋，冠章甫之冠。”孙希旦《集解》云：“章甫，殷玄冠之名，宋人冠之。”陆德明《释文》曰：“章甫，殷冠也。”孔子自称：“丘也，殷人也。”（《礼记·檀弓》）

孔子是孔姓最著名的历史人物。他曾带领弟子周游列国14年，晚年修订《诗》《书》《礼》《乐》《易》《春秋》六经。相传他有弟子三千，其中七十二贤人。孔子去世后，其弟子及其再传弟子把他及其弟子的言行语录和思想记录整理为儒家经典《论语》，其理论多为后世执政者运用，有“半部论语治天下”之说。

孔子在古代被尊奉为“天纵之圣”“天之木铎”，被后世统治者尊为孔圣人、至圣、至圣先师、大成至圣文宣王先师、万世师表。他创立的儒学对中国和

孔

世界都有深远影响，因此他被列为“世界十大文化名人”之首。今天，儒学的价值越来越为世界各国认识。1988年，75位诺贝尔奖获得者在巴黎发表宣言：“如果人类要在21世纪生存下去，必须回到2500多年前去汲取孔子的智慧。”1993年世界宗教大会通过的《走向全球的伦理宣言》，把孔子主张的“己所不欲，勿施于人”作为“金规律”写在了其中。不少国家相继成立孔子学院，开设孔子课堂，截至2016年12月31日，全球140个国家（地区）建立512所孔子学院和1073个孔子课堂。儒学对世界的影响越来越广泛，越来越深刻。

“打锅牛”源出宋国

“打锅”一词是中原地区的方言，意为倒霉。这一词来自源于商丘的牛姓。

据史籍《通志·氏族略》《元和姓纂》以及《唐书·世系表》等的记载，周王朝建立以后，封商朝皇族微子启（纣王庶兄）于宋地（今河南商丘），以奉汤王之祀，建立宋国，宋微子之后的司寇牛父为抵御外敌侵略战死后，其子孙以王父字为氏，称牛氏。清代著名姓氏研究专家张澍编著的《姓氏寻源》载：“牛出陇西，本自殷（商），周封微子于宋，其裔司寇牛父帅师败狄长丘死之，子孙以王父字为氏。”

战国后期，宋国被齐、楚、魏所灭，地域被三国瓜分，微子后裔逃难，牛姓子孙散亡各地。此际见诸史册的牛姓人有：秦国大儒牛缺、赵国大将牛翦、赵国人牛畜等。两汉时期，牛姓历史人物有张掖太守牛商、御史大夫牛抵、护羌校尉牛邯、外黄令牛述以及董卓的儿女亲家牛辅等，源于商丘的牛姓当时在陇西已初具规模。

牛

三国时，魏国出现“牛继马后”（牛姓代司马氏继承帝位）的谶语。魏国大将司马懿后来位居太傅，权倾天下，便有了代魏之心。他手下大将牛金为他出生入死，立下殊勋。因为有“牛继马后”的谶语，司马懿怕牛金将来会对他的子孙不利，设计请牛金赴宴，酒中下毒，要害牛金一死，其长子司马师问：“牛金对父亲忠心耿耿，奈何杀之？”司马懿训诫说：“谶书有预言‘马后有牛’，就在牛金身上，不毒死他，司马后世子孙将有大患！”据宋代《古今姓氏书辨正》一书记载，牛金被司马懿害死之后，其子牛元定怕祸事未完，逃难到安定，改姓为寮；北周末年，其后代、工部尚书寮允又改为牛氏，寮允之子牛弘曾任隋朝的吏部尚书等职，牛弘次子牛方裕仕隋，为符玺郎，牛方裕追随宇文化及弑杀隋炀帝，后任莱州刺史。隋朝灭亡后，牛方裕投唐。唐太宗李世民以为弑君之人以后定也是危险人物，贞观二年（628）七月，下诏以“大逆弑君”之罪，将牛方裕等人尽行革职除名，流放边疆。贞观七年（633），唐太宗又下诏，这些弑君罪臣“其子孙并宜禁锢，勿令齿叙”。在唐太宗对牛方裕案的态度以及当时动辄株连九族的社会背景下，牛弘后裔闻讯分散逃离。

唐代后期，牛弘的后代牛僧孺任宰相一职。牛僧孺善待乡民，当时家乡大旱，颗粒无收，百姓吃穿无着，贫困交加。牛僧孺为给乡亲减轻赋役，请皇上亲临实地视察，走到南垂时，皇上问：“现在到了什么地方？”牛僧孺说：“南垂。”皇上听不明白长治方言，有一位大臣乘机进谗言道：“牛丞相说‘难回’，是要害皇上。”于是皇上命令马上摆驾回朝，治牛僧孺的罪，剿灭九族。牛府人员闻讯欲逃，为了以后族人相认团聚有据，打破一口饭锅，各带一锅片出走，以后亲人相认，以此证明是一家。“打锅牛”的说法由此而起。

千百年来，“打锅牛是一家”的祖训一直在牛姓家族传承，不认识的牛姓相见，往往先问一句：“打锅不打锅？”若回答“打锅”，就认为一家，以“本家”“一家子”“老本”等亲切称谓，热情招待，成为牛氏家族独有的风俗习惯。

• 朱姓根在古商地 •

朱姓起源于河南商丘。其一，源于远古的朱襄氏。朱襄氏是原始社会末期的一个部落酋长，曾率本部族加入以伏羲为首的中原部落联盟，并继伏羲之后统领中原诸部落。《辞源》载：朱襄氏为“炎帝的别号”，“昔古朱襄氏治天下也，多风而阳气畜积”。《太平寰宇记》载，“柘城

朱

为朱襄氏之邑”。柘城县（属商丘市）城东十里朱崮寺上有朱襄陵。5000多年来，朱襄氏一直享受后人之祭。

《路史·前纪》中说：有巢氏之后经过了几代，有“朱襄氏”被众氏族拥立。当时气候多风，阴阳不调，百物散解，五谷不丰。于是，朱襄氏发明五弦之瑟，调节阴阳，使人的生命得以繁衍，命名为“来阴”；以“朱”为都，并以“朱襄氏”为名号。

传说琴属阳，瑟属阴，所以在古时歌乐之时，只有王才享有琴瑟，诸侯有瑟而无琴。礼乐是古时十分看重的国之大事，为华夏文明的一大特征。朱襄氏作瑟，与太昊作琴、女娲作笙簧、伶仑以竹子作乐器，在人类发展史上均有重要意义。依照古人的理解，朱襄氏发明了“五弦之瑟”，才使群生定、寒暑适、百物生、万民安。朱襄氏对人类的贡献巨大，其后裔有一部分以朱为姓，形成朱姓中最古老的一支。

其二，源于春秋初期的宋国国君微子启的后裔——公子朱之后，属于以先祖名字为氏。微子启是宋国的开国君主，其后人有以国名为姓者。战国末期，宋国被齐、楚、魏联手所灭，其后裔逃亡，有逃至砀（今安徽砀山）的改宋氏为朱氏。东汉大学者蔡邕在《朱公叔鼎铭》中说，子姓朱氏的开姓始祖，是商王帝乙之孙、宋开国祖微子启之子，姓子名朱，史称公子朱。公子朱的子孙以先祖名字为朱氏。

商丘诞生商丘姓

中华姓氏中的复姓“商丘”源于商丘这一地名。《晋书·地理上》载，黄帝的孙子“颛顼始自穷桑，而徙邑商丘”。《金楼子》《黄帝神农氏谱系表·释考》《太平御览》等史籍也有同样记载。后来，帝喾的儿子阏伯被封于商丘，为“火正”，死后被葬于他祀火星、行火政的商丘。颛顼和阏伯的后人有以地名“商丘”为姓者，为复姓商丘的来源。

另据《风俗通》等书记载，周朝在建国后把一位王室成员分封在卫，建卫国，统治地域曾扩大到商丘一带的地方，后来还把商丘当作一位大夫的食邑，这位大夫的后代便以先人食邑的地名为姓，姓商丘。史籍《姓源·韵谱》中记载：商丘氏，卫大夫食邑于商丘，因以为氏。

据《列子》记载，春秋时有个名叫商丘开的老农，从几丈高的台上跳下时形如飞鸟，落到了地上，腿脚、肌肤、骨肉都没有一点损伤；跳到深深的水底捞宝珠也不会被淹没；钻入熊熊大火中取出绸缎，不但身体不会被大火烧着，而且烟尘也不会沾染他的身体。人们问他有什么道术，他说："我自己也不知道是怎么回事，跳下高台，跳入水中、火中以后，并不知道我的形体到了哪里，也不知道利害在什么地方，只是专心一意罢了。"孔子得知商丘开的故事后向他的弟子说："最诚心的人，是可以感动万物的。可以感动天地，感动鬼神。横行天下而没有违抗的人，何止身负危险、出入水火而已呢！商丘开相信假话尚且遭不到阻碍，又何况你我都诚心诚意呢！你们要牢牢记住啊！"

汉代时，商丘姓名人有商丘成和商丘子胥。据《汉书》《资治通鉴》等史籍记载，商丘成（？—前89），西汉大臣，汉武帝时任大鸿胪（古代官职位，掌管诸侯及少数民族事务，为九卿之一），戍边，平乱，因功升任御史大夫。商丘子胥也是西汉人。西汉刘向撰《列仙传》记载：商丘子胥喜欢放猪吹竽，直至70岁还不娶老婆，也不衰老，同乡人都很奇怪，于是跟他学道，询问他其中的秘诀。他说，只吃术草和菖蒲根，喝水，就不会饥饿，也不会衰老。世代相传见到过他的时间有300多年。富贵人家听说了，也取术草和菖蒲的根吃，但都坚持不到一年就停止了，这是懈怠简慢的缘故。人们说商丘子胥或许还有隐匿未说的法术。商丘子胥隐居，珍藏着神奇道术。口渴时只饮清凛山泉，饥饿时只食术草、菖蒲。他吹奏着竽乐放猪，高超不凡脱尘俗，道行完满无所求，乐此不倦心悠悠。

华姓之根在睢阳

华姓源自子姓，春秋时期，都于睢阳（现商丘）的宋国国君宋戴公封子孙于华邑，其后以华为姓，属于以封邑名为氏。史籍《名贤氏族言行类稿》记载："宋戴公孙督，字华父，相宋公，因自立为华氏，华督、华元、华定、华亥，并为宋卿。”在华督、华元、华定、华亥等的后裔子孙中，都有以先祖名字为姓者，称华氏，史称华氏正宗。这支华氏在春秋时期的宋国是一个显赫的家族，子孙历代都是宋国的公卿。对历史影响最大的是华元。

宋戴公五世孙华元历事宋昭公、宋文公、宋共公、宋平公四君，堪称“四朝元老”。他长期任右师，掌握国政，集政治家、外交家、军事家于一身。在强敌如林、诸侯纷乱的时代，他为宋国独撑一方大厦。“西门之盟”这一历史典故便源于华元弭兵。

春秋时期，晋、楚是南北两大敌国，为了争霸，两国连年征战，因为两国都有不少附属国，所以不但两国各自损失极为惨重，而且连累不少包括宋国在内的中小国深受战乱之害，百姓痛苦不堪。华元为了禁止两国战争，为民造福，积极从事弭兵活动。据《左传·成公十二年》记载，华元不辞辛苦奔走于晋、楚之间，好不容易完成了晋、楚两国和好的调停。夏五月，晋国士燮会见楚国公子罢、许偃，商定两国罢战，并带领附属国进行弭兵订盟。初四日，在宋国西门之外有十多个诸侯国参加订盟，约定：“凡是晋、楚两国，不要互相以兵戎相见，要好恶相同，一起救济灾难危困，救援饥荒祸患。如果有危害楚国的，晋国就攻打它；对晋国，楚国也这样做。两国使者往来，道路不要阻塞，协商不和，讨伐背叛。谁要违背盟约，神灵就要诛杀，使他的军队毁败，不能享有国家。”这次盟约是在宋国西门达成的，因此史称“西门之盟”。虽然只维持了三年，后来因楚国背盟而告终，但在这三年里，有关各国都享受了太平，华元因此被后世称为“和平使者”。

华

前522年，华姓家族由于宋国君主处置事情失当而产生内讧，爆发“华氏之乱”，后被镇压，华姓家族由此由盛而衰，有的为避难播迁于楚、吴、卫、齐等国。宋国灭亡后，国土被齐、楚、魏三国瓜分，华氏又一次大播迁。汉初，华寄、华毋害追随刘邦征战有功，被封为列侯，子孙袭爵，为沉寂近一个世纪的华姓重新增光添彩。两汉时，华姓遍布山东、江苏、安徽间地，并形成了华姓大族。西汉末年新莽之乱时，有北方华姓避居今湖南溆浦一带，后来昌盛为华姓武陵郡望。三国两晋时期，华姓发展达到高峰，世代名家辈出，光照史册。永嘉之乱中，华姓避乱南迁福建等省。宋元两代，华姓遍及黄河、长江、珠江中下游。历明清两代，华姓除在大陆之外，广布于台湾地区，并有迁入东南亚一些国家者。

•武姓出自商丘城•

中华武姓主要源于子姓。一支源于都于商丘的商朝帝王武丁。武丁在位期间，不断对西北的土方、鬼方、虎方等部落以及长江以南的荆楚和西南的巴、蜀等地用兵，使那里的一些方国宾服于商，开拓了商朝疆土，扩大了商朝的势力，也使商王朝域内的百姓得到安定的生活环境，商朝出现了空前繁荣的局面，武丁成为一代名主。武丁在位59年，死后被尊为高宗。《尚书》中的《说命》《高宗肜日》等篇，《诗经》中的《玄鸟》等篇，都记载有武丁的业绩。其后人认为武丁功劳盖世，可与开国君主商汤相比，据《武班碑》所载，武姓为商王武丁之后，以其祖之名字为氏，奉武丁为始祖。

另一支武姓源于宋戴公之子司空。司空为宋国开国之君微子的第十代孙，死后谥号为“武”，史称宋武公。据《风俗通》记载：“武姓……宋武公之后也。”宋武公之子孙以其祖之谥号为氏，亦称武氏。

河南商丘是武姓的发源地，故其早期的活动区域在今河南商丘一带。后来随着时间的推移、武姓人口的增加、社会生产的发展、政治局势的变化，武姓多次播迁，活动区域不断扩大。大约到战国时期，武姓人口广布中原一带。根据文献记载，后来又经过播迁，秦末、汉初，武姓大体分布于靠近商丘的今江苏省盱眙县东北、陈郡（今河南淮阳县）、沛县（今江苏沛县）、梁邹（今山东邹平市东北）和今河南省东部的商丘一带，同时在长安（今陕西西安西北）一带也有武姓分布。这一时期社会动荡，战乱频仍，为争夺天下，豪杰竞起，一些武姓人也在政治舞台上大显身手。陈县人武臣就是杰出的一个。

武臣是陈胜起义军中的一员将领。据司马迁《史记·张耳陈馀列传》记载，陈胜起义建立张楚政权后，任命自己的老朋友武臣为将军，邵骚为护军，张耳、陈

武

馀担任左右校尉，拨给3000人的军队，向北夺取赵国的土地。因后来武臣自立为赵王，违抗陈胜命令，被部将李良所杀。

在武姓名人中，更有唐代的武则天，她是中国历史上唯一的正统女皇帝。武则天时期是武姓极为昌盛的时期。

• 宋国——钟姓第一源 •

钟姓的第一渊源在春秋时的宋国。《名贤氏族言行类稿》载："钟姓，宋微子之后，桓公曾孙伯宗仕晋，生州黎，仕楚，食采钟离，因氏焉。子孙或单姓钟氏，楚有钟仪、钟钟，钟子期与伯牙为友，项羽将钟离昧，昧中子接，单姓钟氏，始居颍川长社。"《唐书·宰相世系表》也记载："钟氏出自子姓，与宗氏皆晋伯宗之后也，伯宗子州犁仕楚，食采于钟离……汉时有钟离昧为项羽将，有二子，长曰发，居九江，仍故姓。次子接，居颍川长社，为钟氏。"查史籍，宋桓公嫡子宋襄公执政期间，公子遨被委派出使晋国，后来留在了晋国，生子改姓伯名扈，其孙子伯宗任晋国大夫，因忠直敢谏而被杀，其子州犁出逃楚国，仕于楚，官太宰，食邑于钟离（今安徽省凤阳县东北）。伯州犁与其子、其孙都在政治斗争中先后殒命，其曾孙嚭簋遂归隐山林，并以曾祖父的采邑而改姓钟离。到秦末，项羽的大将钟离昧遭刘邦追杀而自刎，其次子钟离接为避父难，于前201年在颍川长社（今河南长葛）去离而单姓钟。

源于宋国的钟姓还有一支，即源于宋国末代君主偃的三弟公子烈。前286年，宋国被齐、楚、魏三国联军攻灭，公子烈避难逃到许州（今河南省许昌市建安区），改子姓（宋国君主原为子姓）为钟姓。另有一说，钟烈（前334—前250）为战国时期宋国末代君主宋康王之子，前318年，宋康王封烈为"钟邑大夫"。前286年宋国灭亡，烈逃到豫州钟离山定居，因宋康王曾封烈"钟邑大夫"，所以烈就以封地"钟"为姓，成为钟氏烈系受姓始祖。

历史风云变幻，钟姓经过了多次播迁。到宋朝时期，钟姓有12万余人，约占中国人口的0.16%，排在第100位。明朝时期，钟姓有37余万人，约占中国人口的0.4%，

钟

相思树

为明朝第62位大姓。宋、元、明600年间中国人口纯增长率是20%，钟姓人口增长高于全国人口的增长速度，纯增长率是200%，比宋朝时净增25万。当代钟姓的人口约624万，排在中国姓氏的第56位，大约占中国人口的0.35%。

历史上的钟离姓、钟姓有不少脍炙人口的故事。中国人对女子尊称为“巾帼”，这一典故便出于一位钟姓女子。

钟姓在历史上最著名的故事，要数钟子期与伯牙的故事。《列子·汤问》载：“伯牙善鼓琴，钟子期善听。”留下了一段千古佳话。

• 殷姓祖为商祖契 •

作为朝代名，自古“商”与“殷”并称。《史记·殷本纪》记载：“契（商的始祖）为子姓，其后分封，以国为姓，有殷氏、来氏、宋氏、空桐氏、稚氏、北殷氏、目夷氏。”此为殷姓的来历。

《世本》也记载，北殷氏出子姓，即北髦氏，亦称北旄氏。商朝时，有一支崆峒族，居于崆峒国（今甘肃平凉），臣服朝贡于商朝。商族先世与戎族联姻，所以史称殷戎、戎殷、戎商。商族与周围的土方、犬侯、虎方、羌方、风方等诸多方国交往。史载，商族是在夷、戎基础上吸收其他氏族部落融合而成的，崆峒族参与了这种民族的融合。北殷氏在周武王灭商后，回迁至崆峒山区，与原崆峒族合并，后来成为崆峒十二部族联盟中的一部，因居北方而被称为北髦、北旄，但其族民皆自称为北殷氏。北殷氏的后裔子孙在秦汉时期，都逐渐省文简化为单姓殷氏、北氏，世代相传至今。宋朝时，因避宋太祖赵匡胤的父亲赵弘殷的名讳，许多殷氏族人改姓氏为汤氏、商氏、戴氏、林氏等，尊契为得姓始祖。

历史上，殷姓经历了多次播迁。战国时期，河北、山东都有殷人的足迹，但河南一直是殷姓的主要活动地。到秦朝末期，殷姓的主要族群集聚在河内野王（今河南沁阳）。秦汉时期，浙江的会稽地区有殷姓迁入。西汉初期，殷姓南移到淮河上游的汝南和西华一带，形成著名的殷氏汝南望族。魏晋时期，殷姓由淮河地区向

殷

东南迁移，过长江，全面进入江南地区。唐宋时期，殷姓亦在江苏形成大族。明朝时期，殷姓已散播到全国各地。

殷姓历史名人为我国历史和文化做出了贡献。殷开山，名峤，是唐朝的开国功臣。北宋时的殷晖在宋末靖康之乱时护驾战死，封崇武侯，赐镇江润东丁岗四百顷以为子孙食邑。殷秉常，讳秩，字秉常，世居扬之泰州，宋诰授右武大夫，以西上阁门使官于汴都。北宋灭亡后，康王赵构在商丘登基，建立南宋。后来赵构南迁，殷秉常挈眷属迁徙渡江，奉驾越州，隆兴末因病乞休。

殷姓后裔不忘祖根，宗祠楹联中的四字楹联“源自商代，望出汝南”，铭记着殷姓的渊源和郡望。

• 葛姓根在宁陵境 •

葛姓和诸葛姓同祖同源，最早的源头都是远古部落葛天氏族。先有葛姓，属于以部落名为姓。后来葛姓迁徙，才有了诸葛姓。

葛天氏是远古时以现河南商丘市宁陵县为主要居住地的氏族，最先发现了一种开紫花的植物。其茎长二三丈，缠绕在其他树木和岩壁上，其根粗重，单株覆盖面积达数十丈。其名为“葛”，其在春天盛开的成串的紫花非常美丽，人们摘以尝之，味道鲜美，于是便以其为食。之后，这一氏族的首领带领人们用粗壮的葛藤搭建屋棚居住，编织床铺睡眠；又用细小的葛藤编织筐篓，盛放物品，还用柔软的细藤做绑缚物品的绳索。这一氏族的人们认为葛给他们提供食物，还能让他们用以制造房屋和用具，解决了他们生活的重大问题，于是就产生了对葛的崇拜，以葛作为氏族的图腾，世称葛天氏。据清康熙三十二年（1693）《宁陵县志 · 地理志 · 沿革》载，宁陵世传以为葛地，唐虞以前属豫州，此地名源于一种植物名——葛。“据考证，上古时期，今宁陵之地盛产葛，生活在那儿的部族对葛的诸多功效甚感神奇，从而把葛作为图腾顶礼膜拜，其他部落的人也就把这个部落称为葛部落。”（宁陵新闻网《名称来由》）

《中国通史》记载：大约5000年前，随着农业的发展和手工编造技术的提高，

葛

纺织技术出现并发展起来。以葛天氏为首的部落酋长，将葛藤采集，以晾晒清除外皮，或像《诗经》中所说煮去外皮和连接纤维之间的那些东西以提取葛的纤维，然后再编结成布，做成衣服来替代用兽皮做衣的原料，以解因部落兽皮不足而没有衣服挡寒遮羞之急，将人类文明向前推进一步。在那生产力极低下的时代，穿衣吃饭是部落之民的头等大事，葛天氏能用葛这种植物纤维编布做衣，怎能不受到部落之民的拥戴呢？部落之民推他为首领，称他为上天下凡的神人，这样“葛天氏”的名号便产生了。

据《风俗通》记载，远古时期，有个部落居葛地，以居邑名称为部族姓氏，称葛天氏，其后裔子孙有的姓葛天，后来省文简化为单姓“葛”，世代相传至今。

复姓诸葛的产生是在葛国灭亡之后。当时，其王族子孙和国民中有以国名为姓氏者，称葛氏，其郡望后世称“梁国郡”。梁国郡为葛姓一大郡望，后外迁四大支系：顿丘郡、琅邪郡、颍川郡、扶风郡。原居于琅邪郡诸县之葛氏有一支迁徙至阳都，因阳都已有葛氏，遂称后迁来的葛氏为诸葛氏。

• 穆姓祖为宋穆公 •

据《元和姓纂》所载，春秋时，都于商丘（当时称睢阳）的宋国国君宋宣公之弟名子和，继承兄位，在位九年得病，自觉不久于人世，为报哥哥宋宣公的传位之恩，将君位传给哥哥宋宣公之子与夷，让自己的儿子公子冯离开宋国到郑国居住。其死后谥号为“穆”，即为宋穆公。其支庶子孙遂有穆氏，属于以先人谥号为氏。

源于宋国的穆姓为商殷后裔。司马迁在论及各地风俗时说：宋“其俗犹有先王遗风，重厚多君子”（《史记·宋微子世家》）。穆姓的由来便与宋宣公和宋穆公的君子之风有直接关系。

宋国在君位继承上实行“父死子继”和“兄死弟及”两者兼而有之的制度。《史记·宋微子世家》载：“武公卒，子宣公力立。”“宣公有太子与夷。十九年，宣公病，让其弟和，曰：‘父死子继，兄死弟及，天下通义也。我其立

穆

和。’和亦三让而受之。宣公卒，弟和立，是为穆公。”

宋宣公之所以把君位传给弟弟子和而没传给太子与夷，是因为在他看来，与夷在能力上不如弟弟子和，因此从国家利益着想，可谓德义之高。到穆公临终时，特别嘱咐大司马孔父嘉说：“先君宣公舍太子与夷而立我，我不敢忘。我死，必立与夷也。”后来与夷即位，是为宋殇公。“穆”是宋穆公的谥号，且有“布德执义，中情见貌”之意。在宋穆公的支庶子孙中，有以先祖谥号为姓氏者，称穆氏，世代相传至今。我国穆姓族人尊奉宋穆公为得姓始祖。

宋国穆姓的播迁起于萧墙之祸。当初，宋穆公将君位传给了宣公之子与夷，把自己的儿子公子冯送到郑国。太宰华父督与公子冯交情甚厚，后来杀了司马孔父嘉和宋殇公与夷，迎公子冯回国即位，是为宋庄公。宋宣公临终传弟不传子，导致王室阋墙，祸延子孙。穆姓族人因为政治斗争牵连而开始了流亡生涯，其流亡方向主要是宋国以南的楚国、宋国以北的鲁国及周都所在的中原地区。但仍有一部分留在宋国。

宋文公时，宋国穆姓又一次大播迁。当时，宋昭公的祖母襄夫人（宋襄公夫人）主持杀宋昭公而立宋文公子鲍。据《史记 · 宋微子世家》记载，宋文公二年，宋昭公之子与武公、穆公、戴公、庄公、桓公之族发动内乱，宋文公杀死宋昭公之子，把宋武公、宋穆公的族人驱逐出境。此后穆姓人播迁于今河南省其他地区及山东、湖北等省境。秦汉之交时，在鲁国有一位穆姓学者，史称穆生（宋穆公后裔），曾在西汉属国——楚国任中大夫，一直活动于彭城（今江苏徐州）一带，在后来很长一段时间内，其后裔缓慢向山东、江苏、安徽及河南其他地区播迁，有的尊穆生为其始祖。魏晋南北朝时期，社会动荡，民不聊生，穆公的后裔被迫南迁，其播迁方向为江南各省和湖南、四川一带。

源于宋国的穆姓历史上经过多次迁徙。到宋朝时，穆姓在《百家姓》中排第98位。时至现代，穆姓在人口统计中排第230位；在大陆与台湾地区均未进入前一百大姓。到2009年1月为止，穆氏人口总数在中国的姓氏排名中未进入前二百位。

穆姓从古到今，继承祖宗的传统美德，英才辈出，为中华历史做出了不少贡献。如今天下穆姓都以河南为郡望。

古城印象

——叠压在历史积淀中的文明奇迹

商丘现存的古城，原称归德古城，距今500年，城郭、城湖、城墙保存基本完好。气势雄伟的古城，置于现代建筑之中，成为一道别有韵味的风景。

城下因黄河泛滥，还叠压着六座城。

无论是游客，还是专家，无论是看过的人，还是听过的人，想起古城都忍不住点头：难得!

商丘古城无愧于一座历史的城，一座文化的城，一座肇始中国思想进程与方向的城，一座宠辱不惊与安静祥和的城，一座一次次被今人擦亮并吸引了世界目光的城。

商丘古城有着诉说不尽的故事，是活着的过去，是站立的史书。

商丘古城是深藏于中原这个中华民族核心古文化圈内的一块美玉！历经华夏有史以来古老文明的演绎与滋养，如同一部由五千年苍茫岁月一挥而就的浩繁卷帙，至今仍默默地向世人诉说着她曾经的梦想与辉煌，悠久与厚重。

• 商丘古城——文明的奇迹 •

飞檐翘角的一座座古楼，描彩烫金的一面面墙壁，粗大的廊柱，雕花砖、雕花窗户，大户人家的四合院，延伸相通的一条条古巷……迈进国家历史文化名城、全国重点文物保护单位商丘古城，华夏五千年的历史积淀，便会从青砖灰瓦的罅隙中，扑面而来，涌向你。

20世纪90年代，这里的一次考古发现，无异于一次引发中国社会各界以及世界学术界的“思想地震”——美国哈佛大学的华裔考古学家张光直从美国20世纪60年代的航拍照片上发现：位于商丘古城及其西南部的方向，地下隐约叠压着几座古城遗址。

随后，张光直所在的中美联合考古队，在坦荡如砥的豫东大平原的一层层黄沙下，找到了从上至下叠压着的宋代应天府城、隋唐时代宋州城、汉代睢阳城和西周宋国都城遗址。张光直激动地表示：这一层层叠压在地下的文明奇迹，立体地再现了商丘古城自建城以来4000多年的古代城市变迁史。犹如“活的化石”，它对古城实现了层层剥离，这对于研究中国古代城市发展史以及相关时期的历史更迭，提供了珍贵的实物证据。

商丘古城历史上多为名都大邑。甲骨文中的“商”“丘商”“大邑商”“天邑商”等地名，指的都是商丘这个地方。

商丘古城

“商丘”二字最早的含义就是“埋葬在丘岗之上子姓氏族（商族）的聚居地”。传说中三皇五帝中的两帝——颛顼和帝喾就曾在商丘建立上古都城。史载颛顼曾迁都商丘。帝喾高辛氏都亳，后来帝喾封他的儿子契（阏伯）于商。阏伯就是商族的始祖，他埋葬的土丘就被称为商丘。此后，夏王相都商丘，商汤都南亳，微子封宋国，刘武徙梁国，赵构都南京……数千年来，商丘或为国都，或为郡治，或为州府，名字也如走马灯似的换，如商丘、睢阳、宋国、砀郡、梁国、梁郡、宋州、应天府、南京、归德府，然后又是归德州、归德府，新中国成立后改回商丘。

自契（阏伯）于商丘建都算起，商丘已经拥有4000多年的历史。而且4000多年来这座城池创造的文明，如火文化、商文化、道家思想的诞生、汉文化等，影响推动整个华夏步入文明轨道并日益走向强大的历史进程。

商丘不仅是“火文化之乡”，还是中国最古老商业贸易的发源地。契的后代王亥在商丘创造了三商文明——商人、商业、商品，被世界华商尊为商人始祖。商汤在此建立了强大的商朝，将商族的辉煌推向极致。

接下来，几百年纷纷扰扰的春秋争霸、战国竞雄，让商丘古城在中华民族历史的书页中，留下浓墨重彩的一笔。立都在商丘古城的宋国，国君宋襄公，一度成为“春秋五霸”之一，使得当初的商丘古城收获了前所未有的繁荣。

秦朝时的商丘古城被设为睢阳郡治，安稳了一段时间。

历史进入了400年文明的汉代，此时的商丘古城因为梁孝王刘武而名噪天下。刘武是刘邦的孙子、汉景帝的弟弟，被封于梁国，都睢阳，就是今天的商丘古城。刘武凭借在平定“七国之乱”中为朝廷立下的赫赫战功，成了大汉帝国的一个特殊人物。他在睢阳大治宫室，建起了三百里梁园，园中有亭台阁楼、离宫别馆、花鸟虫鱼、珍禽异兽，天下奇珍应有尽有，其规模和设施可以和皇家园林相媲美。偏偏梁孝王又是一个风雅的人，他网罗了一批文人墨客，当时颇具盛名的枚乘、邹阳、司马相如等都汇集在他的门下，整日填词作赋，把酒言欢。这股华美耀眼的梁园文风也刮到了几百年之后的盛唐，吸引了王昌龄、李白、高适、杜甫、岑参等诗赋大家游历梁园，留下了许多传世佳作。

汉梁之后，商丘古城在隋唐五代十国

这一阶段中最令人惊心动魄的记忆，当数“安史之乱”时大唐名将张巡在这里打的一场惨烈的睢阳保卫战。公元757年，叛军兵临睢阳城下，张巡以6800名将士誓死抵抗13万叛军。最终城破，叛军屠城三日，张巡被俘不屈，慷慨赴死。张巡在睢阳十个月的坚守，为朝廷收复失地赢得了战机，也保住了江南的富庶与繁荣，但付出的是古城“十室九空”的代价，给商丘古城以重创。

500年来，商丘古城遭遇了多次兵祸和水灾，城郭、护城河、内城墙构成了三道防线，保护古城人躲过一次次劫难。1931年，黄河决口，水漫大地，人们遣散不及，便关闭四门，用沙袋夯实，有人甚至坐在城墙上洗脚，古城犹如一座孤岛屹立在水中。有了刻骨铭心的记忆，大家像保护自己的眼睛一样爱护着古城，才有了目前保存较为完好的四大古城之一。但也有遗憾，20世纪80年代，大批下乡知青、居民回城，人口激增，人们填河建房、扒城墙建房，原万亩河面被挤压为4000亩左右，城墙内侧也受重创。后因旧城改造，一座座典雅、古朴的四合院被无情拆除，盖起了楼房，古味淡了许多。

庆幸的是，商丘古城目前积极投入旧

商丘古城城墙

城改造以恢复古城原有的水面、古城原有的四合院建筑风貌，力争打造适宜人们居住、休闲、游玩、购物、度假的国际旅游城。

商丘古城的建筑风格与明清时期的北京紫禁城一样，多为四合院建筑群，可谓鳞次栉比。明嘉靖以后至清初，古城内出过两位大学士（宰相）、五位尚书以及十几位侍郎、巡抚、御史、总兵、著名文人等，因此，官府、官宅颇多。而今保存最为完好的，当数壮悔堂、穆氏四合院，其规划严整、格局合理、造型古朴、举世罕见。

■ 穆氏四合院——明清古城内的典范民居

穆氏四合院坐落于商丘古城中山东二街路南（原睢阳区招待所院内），是古城内保存较为完整、最具代表性的四合院建筑群之一。穆炳坛家族是清代归德府城内的富商，也是当时的“七大家、八大户”之一。穆氏四合院现已被列入商丘市重点文物保护单位。

穆氏四合院原为一宅九院，现在存留下来的前院、东院和后院，只是当初整个建筑的三分之一。穆氏四合院按照传统建筑形式，坐北朝南，一宅三院，五门相照，以中轴线为中心，左右对称，前低后高，反映了长幼有序、男女有别的封建礼制。现存中院和后楼院，门窗均为木质雕刻，房檐和山墙砖雕以瑞兽、花鸟、人物故事为主，装饰华丽、古朴典雅。穆氏四合院展示了古代建筑艺术的辉煌，也反映了当时社会、经济的发展状况。

穆氏四合院

张巡祠与张巡

古城南湖公园中心地带，有座祠堂，里面供奉的，就是忠烈英勇的张巡。

唐朝“安史之乱”时，叛将尹子奇率兵13万围攻睢阳。当时的睢阳城是南北交通的要塞，战略位置极其重要。镇守地为距离睢阳很近的宁陵的张巡率兵增援。张巡最后率领仅有的6800名将士抵抗13万叛军，展开了一场惊天地、泣鬼神的睢阳保卫战。张巡用兵如神，屡战屡胜，破了敌军的鹅车攻城，又施巧计与敌军抢粮，后火烧敌军柴道，再用草人借箭十万，使敌军遭受重创。可惜最终因没有后援，城破殉难，但是他为平息叛乱、保护江淮黎民立下了不朽功勋。

为弘扬爱国主义精神，满足海内外人士怀念、祭祀张巡的心愿，1990年，商丘市政府重建了张巡祠。现在的张巡祠，占地4.07万平方米，包括广场区、建筑区和墓葬园林区三部分。整个祠堂宏伟壮观，庄严肃穆。10余年来，台湾同胞已多次组团来商丘张巡祠瞻仰祭拜，缅怀英烈。

应天书院与范仲淹

商丘古城南门外南湖公园东南隅，有一处古色古香的大院子，就是北宋时期的应天书院。

北宋时期，中国有四大书院，分别是河南商丘的应天书院、江西庐山的白鹿洞书院、湖南长沙的岳麓书院和河南嵩山

张巡祠

应天书院

的嵩阳书院，四大书院中排在首位的就是应天书院。应天书院又称应天府书院，之所以排在四大书院之首，是因为它起源早，规模大，建院时间长，培养的人才多。《宋史》中说："北宋兴学，始于商丘。"

应天书院的前身是后晋时杨悫所办的私学，后经其学生戚同文的努力，得以发展，学子们"不远万里"而至，"远近学者皆归之"。北宋政权开科取士，应天书院人才辈出，"升学率"特别高，百余名学子在科举中及第的就有五六十人。

宋真宗时，因追念太祖自立为帝，应天顺时，将宋太祖赵匡胤发迹之处宋州（今河南商丘）于1006年改为应天府，1014年又升为南京，使其处陪都地位。1009年，宋真宗将该书院正式赐额为"应天府书院"。宋仁宗时，又于1043年将应天书院这一府学改为南京国子监，使之成为北宋的最高学府之一。

后该书院在曹诚等人尤其是应天知府、著名文学家晏殊的支持下，得以扩展。著名的政治家、文学家范仲淹等一批名人名师曾在此任教。这里人才辈出，显盛一时，后人还撰文并刻立有《范文正公讲院碑记》以示纪念。

2003年，河南省政府批准应天书院在宋代原址附近进行修复，并将其列为河南省和商丘市的重点旅游工程项目。重建的应天书院由河南大学设计，按历史文献记载恢复原貌。2007年10月1日，修复后的应天书院正式对游客开放。2009年3月20日，应天书院迎来千岁华诞。商丘市睢阳区为此召开纪念应天书院御赐匾额1000周年座谈会。2009年8月，应天书院二期工程开建，主要是讲堂等复原工程。目前，开办的应天大讲堂，深得人心。

应天书院现为国家重点文物保护单位。

■ 八关斋与颜真卿真迹

出商丘古城南城门南行约500米，有一座仿唐建筑，便是八关斋。进入院内，便可以看到一座造型优美的八角亭，内有八棱石幢。石幢高约3米，每面宽约0.51米，上面便是唐代大书法家颜真卿《有唐宋州官吏八关斋会报德记》的真迹。石幢也称“八关斋”碑，是目前国内极为罕见的八棱体碑，具有极高的艺术价值。游客来商丘古城，这儿是不可不看的一景。

八关斋原是一座寺院。早在半个世纪以前，这里原有一座寂寞衰败的寺院——开元寺。据史书记载，唐朝著名将领田神功，因平定“安史之乱”和解除睢阳之围有功，深受睢阳百姓爱戴。唐代宗大历七年（772）四月，田神功得热疾，睢阳百姓邀请1000名僧人诵经念佛，自发举行八关斋会为他祈福。一时间，佛饭香供摆满郊

『八关斋』碑及碑亭

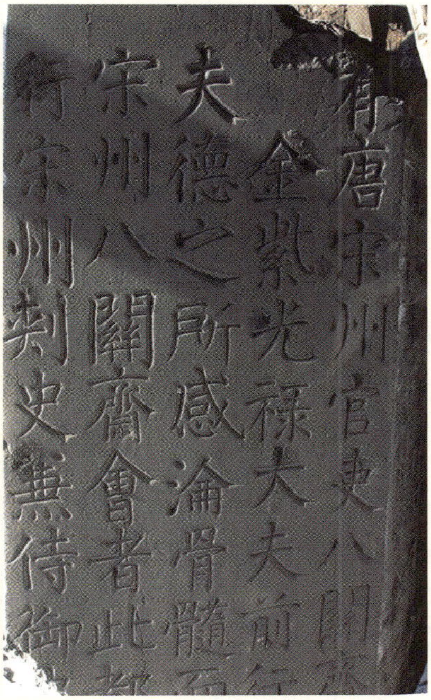

『八关斋』碑颜真卿真迹

野，经声佛事昼夜不息，善男信女八方云集。

当时已64岁的颜真卿来到睢阳郡（今河南商丘），感念此情此景，纵笔浩荡，遂撰写一篇900余字短文，题为《有唐宋州官吏八关斋会报德记》，刻于石上，字体运笔圆健浑厚，碑文内容豪迈奔放，如万丈瀑布，一泻千里，一气呵成。此真迹被康有为称为“绝作”。

唐武宗会昌五年（845），下诏大除佛寺，“八关斋”碑因“大不可折，遂鋆凿缺败以仆之”，幸存于世。时隔5年，崔倬到睢阳任宋州刺史，“八关斋”碑已是“瘢痍坏失，文义乖绝，寻泽研究，不可复知”。后来，崔倬求得原碑文拓片，令能工巧匠重刻“八关斋”碑，立于原址。明嘉靖二十九年（1550），一位名为王楠的巡抚到此视察，观看到此碑，念颜真卿高风亮节，取义成仁，遂将置放“八关斋”碑的三间废寺改称“颜鲁公祠”。到了清顺治年间，告老还乡的国史院大学士宋权为“八关斋”碑修建了碑亭。康熙年间，又有人在碑亭北侧修建大殿三间，供奉佛像，复名开元寺。

中华人民共和国成立后，“八关斋”碑作为文物得到保护。1952年商丘县政府将“八关斋”碑亭修葺一新。可惜，这个早在1963年就被河南省公布为第一批省级重点文物保护单位的“八关斋”在“十年动乱”中被毁。历经一千余年的“八关斋”碑被推倒在地，断为两截。后被当地文物部门收藏。20世纪90年代初，当地政府又重新修建“颜鲁公祠”，重刻“八关斋”碑于祠内。目前在八关斋见到的完整的“八关斋”碑，就是重刻的。颜真卿的真迹保存在亭后的展室内那断残的“八关斋”碑上。

【知识链接】

闹龙街的传说

游览过商丘古城的人们应该都知道，这座保存完好、状如世界非物质文化遗产标志的古城里，有一条街道叫“闹龙街”，字面中的“龙”便是“真龙天子”万历。

据说万历皇帝登基后，念念不忘自己的老师沈鲤，登基不久便到河南归德府看望沈鲤。一日来到归德府，为了表示对恩师的尊重，便下车辇，步行进入北马道。突然街上跑来一群小孩，见万历皇帝穿着华丽，便一拥而上，将刚下车的皇帝团团围住，有的摸万历皇帝的束发冠，有的拽万历皇帝的衣裳，有的揪万历皇帝的耳朵。随从官员一见，吓坏了，急忙把这群孩子驱散。万历皇帝到了沈府，闷闷不乐，见了沈鲤便问：“沈爱卿，你门外这条街叫什么街？”沈鲤见万历皇帝龙颜不悦，心下一惊，忙偷偷问随从官员：“万岁为何不乐？”随从官员如此这般一说，沈鲤笑了，说：“万岁，这条街嘛，叫‘闹龙街’。万岁乃真龙天子，过闹龙街，被孩子嬉闹，此乃天意也！”万历皇帝一听，顿时气消大半。但又一想，自己毕竟是一国之尊，来到归德府被一群孩子戏弄，有失体统，余怒难息，于是喝令太监赶快捉住那几个狂童，统统杀掉。等老太监跑到那条街上，孩子们吓得躲进一家院子里，并关紧了新油漆的黑色大门。这时已夜色四合，沈鲤便借机对万历皇帝说：“天色已晚，明天治罪不迟。”万历皇帝吩咐老太监记准这家的大门，才安心睡下。不料到次日，万历皇帝由沈鲤陪着来到那条街上，一看，傻眼了，一街数十户人家无一不是新油漆的黑色大门，而那些调皮犯上的狂童们也都不翼而飞，查遍全城，一无所获。想想老师说的那番话，万历皇帝也只好作罢。事情的原委是，沈鲤为救那群孩子，连夜通知整条街的百姓统统把外门刷成黑色，这才避免了一场灾难。从此，这件事被人们传为佳话，这条街也就被称为“闹龙街”。

闹龙街的传说

闹龙街

壮悔堂

侯方域与壮悔堂

壮悔堂位于商丘古城北门附近，是明末才子侯方域壮年著书处。它是一处明三暗五、前出后包、上下两层的硬山式建筑。上下贯通的4排圆柱和88根横梁构造成一木间架，墙装青砖，顶盖垄瓦。屋脊有青兽压顶，屋内有木屏相隔。门窗镂花剔线，圆柱浮雕龙凤。该建筑通体显现出清代匠人高超的建筑艺术。壮悔堂前20米处有5间过厅，建筑风格与壮悔堂相同。

看壮悔堂，不仅要看那精巧的清代雕工，更主要的是探寻侯方域与李香君那段传承至今、可歌可泣的爱情故事。

壮悔堂里出售着孔尚任的剧作《桃花扇》。同时，还有一些白话文作品，讲述着侯方域与李香君的故事，你可以买来读读。

•芒山镇——神奇的千年古镇•

今天的芒砀山古镇，又名山城集，位于永城市芒砀山风景区内。传说唐代大将薛仁贵征东途中“一马扑到黑风口，三箭射下凤凰城”。这里的“黑风口”，就是芒砀山人称“一夫当关、万夫莫开”的黑风口，“凤凰城”就是现在位于群山怀抱中鳞次栉比的山城集。

芒山镇不仅有正史典籍所载至圣先贤的历史遗迹，而且文物古迹丰富集中，引人向往。有诛秦灭项开创汉室的刘邦斩蛇起义处——斩蛇碑，高峻奇秀的刘邦隐匿处——紫气岩，驰名古今中外的文石塘，

【知识链接】

刘邦斩蛇起义

汉高祖刘邦做沛县亭长的时候，为县里押送一批农民去骊山修陵。途中大部分人都逃走了。刘邦自己度量，即使到了骊山剩下的那些人也会全部逃走。于是，他在走到丰县西的湖泽地带就停下来，饮酒大醉，夜里干脆就把剩下的所有农民都放了，并且对他们说："你们都走吧，我从此也要逃跑了。"这些农民中愿意跟随刘邦的有十多个。刘邦带醉行走在山泽小路中，让一个农民在前面探路。这个人回来说："前面有一条大蛇挡路，我们还是回去吧。"刘邦趁着酒劲说："大丈夫独步天下，有什么可害怕的！"于是走到前面拔剑将蛇斩断。蛇从正中间被分为两段。走了几里地，刘邦醉得倒下睡着了。刘邦队伍中走在后面的人来到斩蛇的地方，看见一个老太太在路边放声啼哭。问她为什么这样伤心，她回答说："我儿子被人杀了，所以痛哭。"问她儿子为什么被杀，她说："我儿子是白帝子，变成蛇横在路上，现在被赤帝子杀了，所以我很伤心。"人们以为她在胡说八道、散布谣言，想教训她，但这个老太太突然不见了。后面的人赶到前面，刘邦才醒过来，人们向他报告了这一情况。刘邦心里觉得很高兴，心生自豪感，跟随他的人也越来越敬畏他。秦始皇曾经说："东南方向有天子气。"于是亲自东游来验证。刘邦怀疑秦始皇说的就是自己，就躲了起来，藏到荒凉的芒砀山的深山老林中。吕雉和其他人都寻找他，每次都能在人迹罕至之处找到。刘邦觉得奇怪，就问是怎么回事。吕雉说："你在的地方上面总有云气凝结，所以我们根据这一现象总能找到你。"刘邦听了很高兴，沛县中的人知道后，许多人都来归附刘邦。

水浒英雄聚义的三星道观，庄严肃穆的陈胜墓，石崖滴翠的夫子崖，巍峨壮观的文庙，挺拔秀丽、精雕细刻的郭塔，耐人观赏的鲁紫铭碑林，清幽高雅的碧霞元君祠，地下宫殿式的梁孝王墓，西汉梁国王陵墓葬群，抗日民族英雄鲁雨亭墓等。

这里还有砀城遗址，它位于芒砀山区山城集。现存夯筑北墙，城内有制陶、冶铁遗址。

据史籍可知，商代的芒地、春秋时宋国的砀邑，即今山城集。秦置砀县、砀郡，治所均在今山城集。汉代砀县属梁国沛郡，三国魏仍隶属梁国。明朝时改名为山城集。清初改为清努镇，但当地群众拒不易名，仍称山城集。1940年4月，为纪念鲁雨亭烈士为国捐躯，更名为雨亭集。抗日战争时期，曾一度划属夏永砀县。解放战争时期，1947年11月始，先后划属砀

芒山镇

南县和砀山县。1952年初，重新划属永城县。近年来，雨亭集又恢复原名，仍以山城集称之。

• 王公庄——一个村庄的崛起 •

民权县王公庄村地处黄河故道，这里原本是“春天风沙盐碱飘，秋天荒草满目摇”的穷乡僻壤，在人们的努力下，已变成鱼米之乡。然而近几年来，握锄把子的手在宣纸上绘出的一只只虎带出了一个产业，这里成长为一个享誉海内外的“中国画虎第一村”。从面朝黄土背朝天的农民变成画作紧俏的画家，王公庄人创造的是一个属于土地和农民的神话。

王公庄依傍着商丘百里“水上长城”的北岸，“王公庄模式”为商丘黄河故道这条深厚的文化长廊增添了浓墨重彩的一笔。

让王公庄成为中国城乡发展中一种可供借鉴的“王公庄模式”，这得归功于王公庄画虎的“四大虎王”：肖彦卿、王建民、王培震和王培双。在村民眼里，就是他们几个人带领一群庄稼汉子，放下了锄头，拿起了笔头，不仅为王公庄，也为中国新农民描绘出了一条借文化创新、提升的富民路子。

那是20世纪80年代末的一天，涌动的

经济大潮让这四个农民“不安分”起来。如何发家致富，他们就是做梦时也在冥思苦想。常言说，君子爱财，取之有道。政策是好了，可要想富，也得有条好门路。为寻求一条通往康庄的好“道”，这四个人伤透了脑筋。这时，四人中有点绘画基础的王建民提议：画画卖怎么样？

怎么样？他们那时谁也看不到未来。但他们还是悄悄拿起画笔，临摹起名家的画作，此后打包拿到市场上去卖。一开始，他们摆地摊，抢不到摊位，画就挂到墙上，吆喝着卖。由于技法不成熟，画作没有特点，尽管他们的画售价很低，但还是少有人问津。

初闯市场的失利，让他们进退维谷。怎么办？继续进军，还是回老家？最终，这群从小生活在黄河故道边的汉子选择了继续干下去。在对市场进行了一番缜密的考察后，他们决定以最擅长的老虎画作为自己画作的特色。术业有专攻，因为目标专一，他们绘画的技艺也越练越精湛。然而，即便这样，画的价格还是提不上去，生意仍然不见起色。

直到1995年，肖彦卿在沈阳的书画市场遇到一位画廊老板，听从其建议，把画从地摊上挂进了画廊。就是这次机遇，让他惊奇地发现，他的画即刻升了值，老板给他每幅画的报酬，是他摆地摊的10倍还多。而此时，得到消息的王建民、王培双也在四处联系客商，以图将他们的虎画挂进各地的书画店。就这样，王建民、肖彦卿他们凭着还显青涩的虎画，掘到了各自

王公庄

的第一桶金。

画画老虎就能挣钱？村民们先是不信，继而观望，待看到这一事实，一些人坐不住了，开始争相找到王建民他们，恳求拜师学艺。后来，邻近村子里的一些年轻人也纷纷加入进来。画虎让王公庄人头脑开窍了，眼界宽了，他们认知的境界也随之提高了。渐渐地，画虎成为王公庄人致富路上的一种新兴产业，在队伍壮大的同时，利益“雪球”也在越滚越大。

产业拉动，让村里开始出现一些专职从事贩卖字画的人，赵杰就是其中之一。赵杰原本在北京一家装修公司打工，一次他在阜成门官园市场看到一幅和村里人画得很相似的老虎图，一打听价格，他立刻意识到商机来了。几天后，他带着从村里收购到的一捆画匆匆返回北京，就是这一捆画让他净挣了7000多元。从那以后，赵杰就开始做起了书画买卖生意，频繁往返于河南与北京，并把业务扩展到哈尔滨、大连、广州等城市。2004年，在北京潘家园市场，赵杰得知一位女顾客想收藏一幅百佛图。他再次回到村里，以1500元的价格请肖彦卿画了一幅108座佛像的长卷，回到北京向这位女顾客开出了连他自己都不敢相信的价钱。结果，买卖成交。

一幅不装裱的软皮画，就能卖到6万元！这又一次的际遇，让王公庄人看到了什么是大市场、大经济、大浪潮。王公庄人的梦做得更大了。几年下来，凭借“摸着石头过河”而培养起来的商业眼光，他们的梦想终于照进现实：全国各地知名的画市上，开始有了“民权虎”的一席之地。虎画的畅销，引发货源紧张。头脑越发灵活的王公庄人在家里开办起了绘画班，或叫绘画工作室，培训学员。而今，他们培训了一批批来自全国各地的学员。

王公庄在名气大了之后，开始探寻品牌提升之路。2005年，王公庄人成立了王公庄绘画有限总公司，并申请注册了“民权虎”“王公庄”商标。2006年4月，王公庄人在河南博物院举办了第二届王公庄农民书画展，多幅作品被北京博物院收藏。如今的王公庄铺修了两纵三横5条柏油路，建成了王公庄绘画长廊，1000多人口中70%以上的人拿起画笔。王公庄村先后被授予全国文化（美术）产业示范基地、河南省特色文化（绘画）村的称号。

王公庄人的腰包更鼓了，曾经的庄稼汉走出田野，以绘画、卖画为生。他们不少人盖起了楼房，购买了高档家具，还购买了汽车。“民权虎”更是声名远播，不

王公庄人开发的布老虎、虎头鞋、虎头枕等『虎』系列产品

仅出口到韩国、日本、东南亚一些国家，还远销美国、加拿大等国。每幅虎画，卖价均在1万～5万元。

如今步入王公庄村，浓浓的画墨书香瞬间将人拥裹其中，农民书画院、绘画生产协会和虎村文化传播有限公司的匾额，抬头可见。

每到春节，王公庄的虎画格外热销。同时，王公庄人还开发了布老虎、虎头鞋、虎头枕等一系列虎文化产品。2009年12月21日，央视七套《亿万农民的笑声》全国农民春节晚会剧组便在王公庄进行外景拍摄。历时5天，围绕王公庄“画虎画出一片新天地，画虎画出一个新农村”这个主题，艺术地再现了当代王公庄农民的新形象、新精神、新风貌。

一条条宽阔的马路，打通了王公庄与世界相通的路；一排排整齐的楼房，见证了村民们富足的喜悦；一辆辆崭新的轿车，载满了又快又好发展的希望。

在今天的商丘，民权王公庄是新农民和社会主义新农村发展的一个缩影，在社会主义新农村建设的道路上，率先实现了一座村庄的崛起。

• 永城市陈官庄乡——红色之乡 •

陈官庄乡位于永城市最东部，距永城市25千米。1975年建陈官庄公社，1984年改乡。陈官庄乡是一个革命老区，著名的淮海战役陈官庄歼灭战就发生在这里。陈官

陈官庄烈士陵园

庄因淮海战役闻名于世。

陈官庄乡境内有陈官庄烈士陵园，该陵园1974年奠基，1978年建成，占地约200亩。陵园坐北面南，园内苍松翠柏，绿树成荫，布局协调，庄严肃穆，高24.68米的纯花岗石纪念碑矗立在广场中央，上面镌刻着周恩来总理亲题的“淮海英雄永垂千古”8个大字，金箔镶嵌碑面；上有五星碑徽，下刻碑文。碑文为中央军委原副主席张震所撰写。碑后是圆形公墓。公墓四角有15位著名烈士英雄事迹碑亭。碑亭前两侧有周恩来、朱德、邓小平、刘伯承、陈毅、陈云等老一辈无产阶级革命家的题词屏风。公墓后整齐排列着651座烈士陵墓，每位烈士纪念碑墓前立有一块汉白玉石碑，铭记着烈士的姓名、籍贯和生平。

淮海战役纪念馆和烈士事迹陈列馆，坐落在纪念碑后东西两侧，均为民族风格的天井式建筑。纪念馆面积750平方米。室内陈列分正厅、序言、战役实施、人民支前、最后决战、大军南下8个展室。共展出文物资料、历史照片等400余件（幅），翔实地介绍了中央军委、毛泽东主席对淮海战役的英明决策和以邓小平为首的总前委对淮海战役组织指挥的情况。

该馆对第一、第二阶段先后歼灭黄百韬兵团、黄维兵团情况的介绍比较概括，对第三阶段在陈官庄地区歼灭杜聿明集团的介绍较为详细。它不仅描绘了陈官庄歼灭战的规模、具体经过，而且还再现了华北、华东、中原数百万民兵、民工、地方武装参战支前的生动场面，体现了人民战争的巨大威力。

烈士事迹陈列馆，面积500平方米，馆内陈列着45位在战役中奋不顾身、英勇杀敌而壮烈牺牲的我军指战员、党政干部和支前民兵、民工等烈士的遗像、遗物，以及他们的事迹介绍。正厅中间台上存放着烈士名录。南北面有“浩气长存”“缅怀先烈”浮雕。正面是邓小平的题词大屏风：“中华儿女永远记着：你们的幸福是先烈们用血换来的！淮海战役烈士永垂不朽！”淮海战役陈官庄纪念馆建馆后，当年参加淮海战役的我党、政、军领导和国外友人，曾多次到此参观指导。1999年，淮海战役陈官庄地区歼灭战烈士陵园被国务院批准为国家级重点革命纪念馆。如今它还是永城市及周边县乡中小学生革命传统教育基地和德育教育基地。每逢清明节，都会有淮海地区党政军民和学生数十万人到此扫墓纪念，接受教育。

1948年11月6日至1949年1月10日，中国人民解放军进行了伟大的淮海战役，陈官庄地区歼灭战是淮海战役的最后一个阶段。在中共中央和毛泽东主席的英明领导和指挥下，华东、中原两大野战军和地方武装60多万人会师淮海，决战中原，以气吞山河之势，首歼黄百韬兵团于碾庄，继包围豫南来援的黄维兵团于双堆集。敌徐州主力于1948年11月30日倾巢西逃，我军勇猛追击，12月4日将敌包围在永城陈官庄地区。15日我军歼灭黄维兵团后，为配合平津战役，从16日起对敌暂停攻击，展开强大的政治攻势，敌投降万余人。1949年1月6日，我军发起总攻，激战至10日，生俘国民党徐州“剿总”副总司令杜聿明、击毙国民党第二兵团司令邱清泉，至此淮海战役胜利结束。

在陈官庄烈士陵园旁边的陈官庄村，保存着淮海战役中国民党军队用作指挥部的四合院。

• 睢县后台乡——古村古寺 •

睢县后台乡位于睢县西南部，距县城18千米，南与太康接壤，西与杞县为邻，是睢县近年来依据区位优势，发展乡域经济，使全乡经济和社会各项事业飞速发展的乡镇。

后台乡历史悠久、人杰地灵。境内有重点文物保护单位多处，现存有春秋时期的后台岗遗址，北宋时期的阎庄圣寿寺塔。后台乡属豫东著名老区，至今仍完好保存着1926年大革命时期建立的豫东第一个农村党支部旧址及抗日战争时期的睢县第一届抗日民主联合政府旧址。

圣寿寺塔，是国家级重点文物保护单位，位于后台乡阎庄村西北 200 米，是睢县著名的宋代文物旅游景点。圣寿寺塔俗称阎塔，为宋代建筑物。虽经多次地震侵袭，风雨剥蚀，仍巍然屹立，1985 年省政府曾拨款维修加固。塔身高 22 米，底座周长 28.4 米，为平面对称六角，九级密檐式结构。塔身外部每层檐下均用叠涩砖砌，

圣寿寺塔

第一层高3米，檐下有南开一半圆形拱圈门。一至六层外壁嵌砌佛像雕砖。塔内为六角形塔心室，室壁佛像砖砌，顶部饰有彩绘图案。为研究我国古代建筑和雕刻艺术提供了实物依据。

圣寿寺原占地50多亩，拥有建筑物100多间，几经风雨战火，大多灰飞烟灭。现只有圣寿寺塔依然在蓝天白云下巍然屹立，为研究宋代建筑和雕刻艺术提供了实物依据。圣寿寺塔是商丘市保存完好且为数不多的古塔之一，与永城的崇法寺齐名，由于具有很高的研究价值和观赏价值，1963年，被河南省政府公布为省级文物保护单位，后又被国务院列为国家重点文物保护单位。

关于圣寿寺和圣寿寺塔，当地还流传有一段古老的传说。相传，大宋时期阎庄村来了一位法号慧普的和尚，他慈眉善目且精于医道，并热心地为当地百姓治病疗伤，受到百姓的敬重。大约过了两年，忽然村里来了一队兵马，说是奉旨来请慧普和尚回开封一大寺院任住持，原来慧普和尚曾有恩于皇上。由于当地百姓极力挽留，再说他也不愿回到京城，最后，皇上无奈，就下诏在阎庄村扩建寺院，取名圣寿寺，又建起一座高塔，叫圣寿寺塔。该塔高22米，平面呈六角形，为九级密檐式砖塔。砌有佛像砖。260块佛像神态各异、栩栩如生，无一雷同，极具历史文化价值。据当地村民韩祖孔介绍，塔下还有向四周辐射的神秘地宫。

• 永城市李寨镇——红色记忆 •

永城市李寨镇，位于豫皖两省交界处，素有永城“南大门”之称。境内曾楼村，有1棵银杏树，树身要3人合抱，才能合围一周。相传为汉代所植，据此推算，这棵银杏树已有约2000年的树龄。

当年，著名爱国将领彭雪枫将军经常在这棵大树下练兵。距离大树2里路，就是彭将军创办的中国人民抗日军政大学第四分校遗址。

中国人民抗日军政大学第四分校，简称“抗大第四分校”。1940年3月，以新四军第六支队随营学校为基础，组建了抗大第四分校。抗大第四分校在河南省永城县李寨镇麻冢集成立。彭雪枫、邓子恢等人都担任过分校领导工作。7月，该校隶属八路军第四纵队。翌年1月，隶属新四军第四师。1944年9月11日彭雪枫牺牲，中共中央华中局和新四军政治部决定，将抗大第四分校改名“雪枫军政大学”。抗大第四分校1946年改编为华东军事政治大学。1951年华东军政大学主要部分改建为第三高级步兵学校，1952年参与组建总高级步兵学校。后更名为南京军事学院、南京高级步兵学校、南京高级陆军学校、陆军指挥学院，1999年更名为南京陆军指挥学院。

中国人民抗日军政大学第四分校，是新四军中成立最早、历时最长的一所分校。抗日期间，它吸收华中和江南的知识青年，在江淮平原的艰难条件下坚持办学，共培养了近5000名干部，为新四军第四师和豫皖苏抗日根据地的建设发挥了重要作用，而分校校长彭雪枫为学校的成长壮大做出了不可磨灭的贡献。

• 宁陵县张弓镇——中国低度白酒诞生地 •

张弓镇位于宁陵县城西南15千米处，是中国低度白酒鼻祖张弓酒诞生地，古宋大运河流经此地，豫剧《抬花轿》的故事就发生在这里，这里也是山东快书一代宗师高元钧故里，同时，还是革命老区，历史文化底蕴深厚，人文特色景观丰富。

张弓镇先后被河南省委、省政府授予“中州名镇”“小城镇建设重点镇”“河南省历史文化名镇”等称号。其名字的由来，透着久远的历史与历久弥新的酒香。

据传，夏朝末年，商汤伐夏桀，始征葛（都城在今石桥西北葛伯屯一带）。距葛城南20千米处一个古老的村寨，村中有一勇士名叫张弓，主动戍边御敌。家中新婚妻子时时惦念着丈夫，每逢吃饭时都要多盛出一碗，放在饭桌上，以示眷念。

饭后就倒进瓮里，久而久之就积攒了满满的一大瓮。不久，张弓返回故里，被妻子的深情所感动，表示一定要尝一尝瓮中的饭食。于是，妻子下厨给他重新蒸煮。说也奇怪，从锅盖处流出来的水，散发出浓郁的香味，张弓一尝，甘爽清冽，醇香可口。于是，他连饮满满两大碗，便沉沉睡去。两天后，张弓醒来，舒展身体，感到浑身通泰，连声赞好。远亲近邻得以尝之，均称美物，以后便如法炮制。地方官吏以珍稀贡品进贡商王，商王赐名"张弓酒"，赐该村名为"张弓村"。

• 永城市太丘镇——古镇福地 •

永城太丘镇，位于永城西北25千米处，春秋时设太丘邑，两汉改为敬丘侯国，东汉明帝改设太丘县。1960年太丘人民公社成立，1982年改为太丘乡，2007年12月12日撤乡设镇。"太丘八景"闻名遐迩。

太丘镇历史悠久，文化厚重，永城素有"古太丘"之称，即源于此。1995年，文物普查时，在太丘蔡庄一村民院内发现了一块伏羲女娲画像石，出土于该村西北100米处一座古墓内，出土时间不详。该石高1.46米，宽0.93米，厚0.15米。画面是人身龙尾伏羲氏和人身蛇尾女娲像。伏羲身着长襦，头戴三尖帽，腰系束带，龙尾上有两只爪，双手托起女娲；女娲头部向下，头戴尖帽，下部蛇尾盘绕。浮雕、画像轮廓线凸出，画像细部用阴线条勾勒，时间为汉代。

太丘名人，一代廉吏太丘长陈寔，东汉时期人，陈姓的远祖，字仲弓，人称文苑先生，今河南省长葛市古桥乡陈故村（东汉时属颍川许县）人。东汉桓帝时任太丘长，古时人称"陈太丘"，为官清正廉明，理政有方，秉公办事，心地宽厚，常以德感人，留下了"陈寔遗盗"的千古美谈，并有"梁上君子"的成语典故千百年来被人们广为传颂。

清朝末年，捻军血战于太丘，留下了许多可歌可泣的故事。抗日战争时期，日本侵略者在太丘制造了骇人听闻的"太丘惨案"，遭到屠杀的太丘百姓近千人。淮海战役太丘战斗中，李春堂等16位革命先烈长眠于此。

太丘书院，始为汉代太丘长陈寔的讲

伏羲女娲画像石

学之地，明隆庆二年（1568），知县左思明在太丘驿站故址上创建太丘书院。自明隆庆至清光绪300余年的时间里，永城考入京城为官的有150多人，他们在京都居住的官府曾被誉为“永城一条衔”，由此可见一斑。

太丘镇有一道教的圣殿——老君堂。太丘老君堂庙会是一种古老的汉族民俗及民间宗教文化活动，是豫鲁苏皖四省结合部数百千米内最大的千年庙会，集商贸、旅游、文化、宗教、综艺于一体，是充满浓厚地方特色的汉族民俗文化盛会。老君堂庙会历史悠久，相传兴起于明清，盛于民国，据说当年，方圆八百里，苏鲁豫皖八方商客皆会于此，享誉豫东，名震中原。当地有这样一句顺口溜：“不要慌，不要忙，二月十五老君堂。”当地的老百姓，无论贫富，每年一次的老君堂庙会是必赶的，那些太丘书院教育出的学子们赶过庙会之后还要到陈仲弓祠去拜祭先师，坐在古松下，怀念陈公的高风亮节，谈论老子的道德文章，戏说庙会上的奇闻趣事，每个人心中都充满了对未来仕途的美好向往。纳履踵决的寻常老百姓，即使是只给孩子买了一串糖葫芦，心中也充满了喜悦和自信，因为觉得自己拜过了老君爷，这一年一定能五谷丰收，全家安康。

老君堂南30米是淮海战役太丘战斗革命烈士纪念碑，再往南40米有已发现的汉墓两座。据永城县志记载，老君堂北还有汉文帝时的丞相陈平墓和北宋时期的鲁国公曹彬墓。这里是一块古代帝王将相心目中的洞天福地。

2016年，太丘镇成功创建国家AAA级旅游景区。太丘镇在原有红色文化、廉政文化、民俗文化、老子文化的基础上，进一步丰富文化内涵，提升旅游品位。2017年，在河南省电视台举办的“河南省最美乡镇”评选活动中，太丘镇在全省400余个乡镇中脱颖而出，被评为河南省最美乡镇。

考古探秘

——揭示商丘古代文明的密钥

商丘古文化遗存丰富，有世界文化遗产点2处、全国重点文物保护单位15处、省级文物保护单位46处、县级文物保护单位近200处。在全国第三次不可移动文物普查中，商丘市共普查登记不可移动文物点近4000处，馆藏文物近3万件。这些文化遗产点中有代表商丘文化年代最早的燧皇陵遗址，有三皇五帝时期的帝喾陵、炎帝陵遗址，有代表新石器时代地方文化类型的王油坊遗址，还有众多历史时期的文化遗存，彰显了商丘历史的辉煌。

• 商丘早期文明的第一缕曙光 •

——虞城马庄遗址

虞城马庄遗址位于河南省虞城县沙集乡东南2千米的马庄村，村东南建有幸岗寺小学，遗址主要文化堆积正是幸岗寺小学所在地，是中美联合考古队“豫东计划”课题组选定的第二个发掘地点。

遗址面积1万～1.5万平方米，1990年商丘地区文化局曾在此做过调查试掘。1994年课题组在遗址东、西、西南部进行了钻探，同年10月初至11月底，选择在幸岗寺小学北面的取土沟进行发掘，发掘面积203平方米。这次发掘发现有仰韶文化至明清时期的文化堆积。最重要发现是“马庄第五层（考古学术语，考古发掘按照地层土质土色不同，自上而下划分地层，耕土层为第①层，由此向下至若干层）遗存”。

马庄第五层遗存发现有居住遗迹、生活遗物和排列有序的23座墓葬。居住遗迹有1座灰坑、零星柱洞、建筑遗迹红烧土块和当时的居住活动面。灰坑为不规则方圆形，坑口南北长1.9米，东西宽1.1～1.5米，发掘深0.7米，因触及地下水停止，出土少量红陶片和夹蚌末的粗陶等。生活遗物主要是陶器、石器、骨、角、牙、蚌器。陶器，均为陶片，分为两类：一类是夹粗砂，同时添加大量经过碾碎的蚌末；另一类是用经过淘洗的细黏土烧制，胎质均匀细腻，可称之为“泥质陶”。主要器型有盆、钵、豆、罐等；石器，均为残器，器类主要是钺，另有刀、锄、镰。

马庄“第五层文化”墓地共发现墓葬23座，“所有墓葬都没有清理出圹穴。这些墓葬当时是否采用了圹穴不得而知”。这批墓葬的最大特点是单独埋葬与“叠葬”并存。所谓“叠葬”，指多具人骨架叠放在一起埋葬。所有人骨架方向一致，均为东略偏南。葬式一般为仰身葬。没有发现葬具。死者多数系成年人。其中15座墓葬有随葬品。包括陶钵、觚、尊、牙饰、石钺，个别墓葬可能还随葬有猪下颌骨。有3例墓葬的人骨架可能还有拔牙（右上外侧门齿）习俗。随葬品：（1）陶器，器型有：陶鼎、釜、罐、钵、豆、盆，其他器类有瓶（或小口瓮）、三足盘、器盖、器座等。（2）石器，器型有：钺、斧。（3）骨、角、牙器，

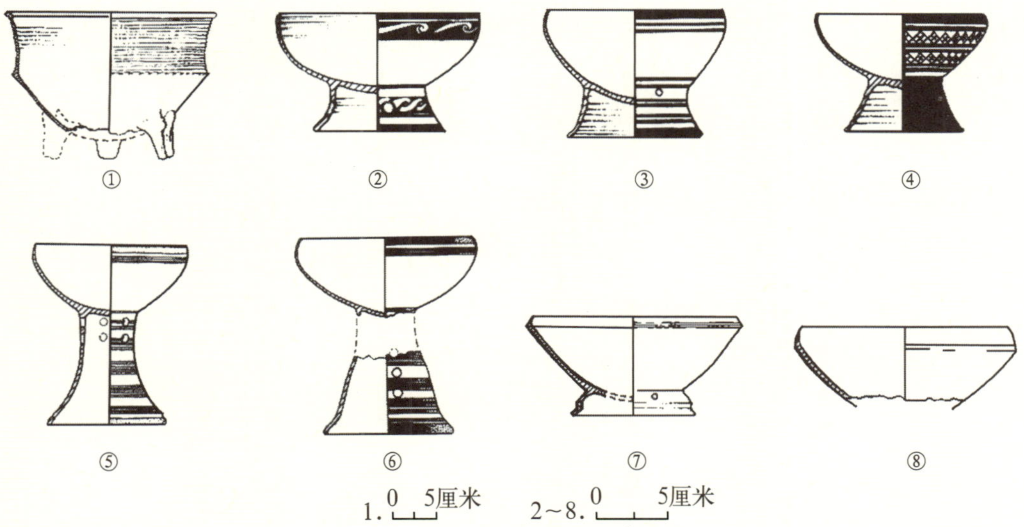

马庄遗址第五层墓葬随葬陶器

器型有：骨饰、牙饰。

据碳 14 年代测定，马庄第五层墓葬年代在前 3500—前 4000 年。整个马庄第五层遗存的年代有可能在距今 5000 ~ 7000 年间。马庄遗址第五层文化的发现，将商丘有实物可考的历史向前推了将近 2000 年。

• 棹影浩荡通东西　北国江南一脉连 •

——通济渠商丘南关段、商丘夏邑段

中国大运河通济渠在商丘市境内全长近 199.7 千米，西部从开封杞县入商丘睢县境，蜿蜒向东流经睢县、宁陵县、梁园区、睢阳区、虞城县、夏邑县、永城市 7 个县市区，由永城市进入安徽淮北境内。2014 年，中国大运河被正式列入第 46 个世界文化遗产名录，其中，河南有 7 处遗产点被列入，通济渠商丘南关段、商丘夏邑段榜上有名。

唐代诗人白居易在《隋堤柳》中描绘了当时隋唐大运河通济渠段“隋堤烟柳”的美好景致：“西自黄河东至淮，绿荫一千三百里。大业末年春暮月，柳色如烟絮如雪。”

1993年以前，河南省道325线（商丘至永城公路，修在运河故道上）虞城县芒种桥以东直至永城市全境，地表还能看到古

运河河床，有些河段地面上还保留3～5米高的河床土岭。1996年春，永城市政府在拓宽永（城）宿（县）公路时，在永城侯岭隋唐运河故道内发现一艘唐代木船，发掘出土60余件文物。1997年前后，在夏邑县济阳镇西街运河故道内不到100米距离范围内，出土两艘古代木船。2001—2003年，商永南路（S325线）拓宽改造过程中虞城至永城段沿途发现大量文物，引起了文物部门的高度重视。2006年，商丘市政府公布大运河商丘段为商丘市文物保护单位。商丘市文物局于2007年7～8月，抽调全市文物业务骨干开展一次大运河商丘段的全线考古调查和勘探工作，这次工作初步掌握了大运河故道商丘段的位置走向、河道长度、宽度、深度、河道淤土堆积情况，发现两处疑似运河码头遗址——商丘古城南关外、夏邑县济阳镇，还找到一批因运河而产生的村镇地名。

通济渠商丘南关段

通济渠商丘南关段位于商丘古城南约1.5千米。遗产点位于古宋街道办事处叶园行政村武庄和大郭庄一带。遗产区面积92公顷、缓冲区面积140公顷，合计232公顷。

考古工作者从2008年3月起，经过7个月的艰苦工作，完成钻探面积20平方千米，在商丘古城南，沿运河故道东、西长约1000米的河道两侧，找到不同时期的古道路5条，在商丘古城南约2千米的古宋办事处叶园行政村武庄、大郭庄大运河两岸发现总面积达41.3万平方米的码头遗址。

联合国教科文组织专家考察验收遗产点

河道为西北东南走向，方向 95°。武庄村南河道底部最深处距地表 21 米。

北岸码头遗址位于武庄村，遗址为砖石和夯土结构混筑，顶部基本平坦，距地表4.5～5米，东西长（沿河岸）约150米，从河口向外（北）宽52米。遗址中部发现一处由码头延伸进入河道内的凸堤（疑为码头伸向河内的凸堤，供船舶停靠），凸堤长40余米。截至2008年11月底，发现北岸码头遗址及附属建筑遗存面积24.5万平方米，东西长700余米，南北宽（从河口向外）300余米。南岸码头遗址位于大郭庄村，东西长700米，南北宽200余米，总面积16.8万平方米。

2008年12月初至2009年1月初的第一次发掘暴露码头面积约120平方米，探沟底部南端2米伸入河床内。探沟内发现倒塌房屋两处；烧火灶一处；木船板一块。出土一枚“熙宁元宝”铜钱（北宋铜钱）、两枚骨制骰子、一件造型精美的宋代红陶狗。此外，还出土了大量北宋时期的砖瓦残块及陶瓷片，部分唐代瓷片。这一段码头遗址是用黑灰色黏土、白灰等混杂夯筑而成。从出土文物判断，遗址的使用年代属于隋唐宋时期。

2011年至2013年5月，河南省文物考古研究院在遗址区进行5次考古发掘，基本搞清了码头遗址区的河道宽度、深度、堤岸等遗存情况，为这一段遗产的成功申遗提供了科学资料。

通济渠商丘南关段是通济渠沿线重要的河道与水工遗存，它的发现与发掘，以

北堤面宋代行人脚印遗迹

实物形式真实地展示了我国隋唐宋时期大运河码头遗址的形状、结构、建筑技术和工艺、大规模的空间结构；展现了隋唐宋时期通济渠夯土驳岸的形制与工艺，以及通济渠巨大的河道规模，反映了河道历史的线路与走向。是大运河通济渠段极重要的发现，具有填补空白的重要意义。

■ 通济渠商丘夏邑段

通济渠商丘夏邑段位于夏邑县西南15千米，全长27千米，西部从虞城县沙岗店入境，流经夏邑县济阳镇、罗庄镇、会亭镇三个乡镇，从会亭镇东部流入永城市境。通济渠商丘夏邑段于2006年被商丘市政府公布为市级文物保护单位。遗产点位于济阳镇东街与刘铺之间，遗产区面积12公顷，缓冲区面积13公顷，合计25公顷。

在2007年考古调查的基础上，2011年底至2013年，考古工作者在济阳镇西街约

北堤地面车辙痕迹

南堤宋代道路

南堤北坡建筑基槽

200 米大运河北堤和济阳镇东刘铺村西大运河段进行 3 次考古发掘，发掘面积 2000 余平方米，取得的发掘成果主要有五项：一是发现了保存完整、规模尺度巨大的河道遗存，在南堤外侧发现了多次疏浚清淤堆积形成的护坡堤；二是在南堤外侧发现了顺大堤方向修建的古道路及车辙印痕；三是在南堤北坡和北堤表面发现有分布密集的行人脚印、动物蹄印、车辙印痕，在北堤堤面还发现有因天气干旱形成的地裂现象；四是在南堤近河道一侧发现有建筑基槽和大面积分布的断面年轮纹理清晰可见的木桩遗迹；五是出土有宋代木船和大量唐宋时期的瓷器，反映了济阳镇段是一段重要的大运河文化遗存。

济阳镇段的考古发掘成果揭示了这段河道所具有的重大价值和特别意义。第一，这段运河河堤、河道、地上建筑遗迹的完整发现，展现了隋唐宋时期通济渠河道巨大的规模尺度，河堤的形制与工艺，反映了河道历史的线路与走向，是大运河通济渠段作为宏大规模尺度的水利工程的考古证据，是中国古代水利工程高超水平的直接见证。第二，堤外护坡大堤、堤上建筑基槽和大面积分布的木桩遗迹的发现，印证了大运河在使用过程中经常清淤疏浚、维修保护、加固堤防的史实。是研究我国古代运河固堤技术和河道治理养护的珍贵材料，具有重要研究价值。第三，堤面密集的行人脚印、动物蹄印、车辙印痕和堤外道路的发现，印证了史书关于大运河堤即当时官道和堤外有道路的记载，也真实反映了当时运河大堤及堤外道路作为官道交通的繁忙。第四，堤面干裂纹现象的发现，是研究当时气候、环境状况的宝贵材料。

隋唐大运河的贯通，极大地促进了大运河沿途工商经济的快速发展，沿线村镇百业俱兴，商业气息日渐浓厚，商品经济一度相当发达，沿着运河从城镇到农村，各类商业店铺、手工业作坊等各行各业蓬勃发展，商业人口也大大增多，而从事其他行业的人，也在运河沿线从业而聚、从业而居，大运河沿线经济的繁荣，使得一大批沿线村镇兴起。这些村镇沿运河两岸分布，犹如一串镶嵌在运河带上的明珠，形成了一条独特的大运河经济带，同时也形成了许多与大运河相关的村镇地名。

• 商丘早期先民的家园 •

——永城王油坊遗址

王油坊遗址位于永城市西30千米的酂城镇王油坊村东北角，遗址为高出周围地面的土丘，附近有造律台遗址、姜堌堆遗址、黑堌堆遗址、肖竹园遗志、红云寺遗址等，说明这一带在古代属于人口比较稠密之地。

1936年前，中央研究院史语所在豫东考古调查时发现该遗址。1977年3～4月，中国社会科学院考古研究所河南二队对遗址进行发掘。

王油坊遗址文化遗存主要是龙山文化时期的，分上、中、下三层，是三个紧密相连的发展阶段，下、中层相当于河南龙山文化中期，年代分别为前2500年、前2400年。上层相当于河南龙山文化晚期，年代为前2300年。

王油坊龙山文化先民居住的房屋有如下特点：下层房屋形状有方形和圆形两种，室内居住面皆为白灰面，房基内有埋人的现象。有半地穴式和地面建筑两种。中层房屋有圆形、方形两种，皆为地面建筑，居住面以敷白灰面居多，有居住面为烧土面及少数在夯土层上敷硬草泥土的情况。上层房屋形状以圆形为主，另有圆角方形的。皆为地面建筑，在筑好的地基上直接起墙。居住面多为黄草泥土，少数为白灰面。发现一座用长方形土坯建筑的圆形房屋，土坯为黑褐色草泥土，土坯筑法是：平砌一周三至四层土坯，然后再立砌土坯，作为墙的主体。发现一处四间相连的排房建筑，四间均为方形房基。

王油坊龙山文化先民生活常用的是陶器，另有石器、骨角器、蚌器等，按照用途分为生活用具、生产工具及少量装饰品。使用石器很少，大量使用的多为蚌器、骨角器。蚌刀、蚌镰最多，还有大量鹿角锄、捕鱼工具陶网坠。在他们生活留下的灰坑中出土大量螺壳、蚌壳、鱼骨和鹿角。其他动物骨骼有猪、狗、牛、龟甲等。这些发现证明当时的人们除农业生产之外，还从事狩猎、捕捞、养畜等生产活动。

王油坊中层发现有装满石灰的圆坑和装在甗中的石灰膏，上层发现有烧制石灰的石灰窑，这在解决我国石灰起源的问题上是个很重要的资料。为使房基坚固，选用纯净致密的土铺筑房基，并逐步使用夯筑技术，还出现用土坯相间压缝的砌墙技术，这在我国建筑史上都是较新的资料。

在建筑方面，这时还出现了一个新现象，就是在房基内、墙基及墙内，室外墙根处，使用成人和儿童做奠基等祭祀活动，这既是当时一种礼俗，又反映了当时社会关系的某种状况。

王油坊遗址考古发现的重要价值在于其反映了那个时代商丘先民的社会经济和文化状态，彰显了当时已具有了比较高度的文明，王油坊的商丘先民已经掌握了烧制石灰技术和使用石灰修建房屋，掌握了土坯制造和使用土坯错缝建筑技术，这表明使用土坯建筑墙体在商丘使用了4000余年之久。20世纪七八十年代，豫东农村建筑土坯草房，使用的还是这种技术。

• 夷夏文明碰撞的火花 •

——夏邑清凉山遗址

清凉山遗址位于夏邑县城西南30千米的魏庄西北，是一处堌堆形遗址。现在在堌堆顶部还有几间新建的寺舍，偶有村民前去进香。遗址北有岳河故道，西南角有挡马沟穿过。

清凉山遗址是 1977 年中国社会科学院考古研究所河南二队在豫东调查时发现的，1988 年 7 月，北京大学考古学系为了解商丘地区夏商时期的文化面貌，对该遗址进行复查，发现有龙山文化、岳石文化和商文化遗物。同年 9 ~ 11 月对该遗址进行了为期 3 个月的考古发掘，发掘面积 150 平方米，发现了丰富的包含有相当庙底沟二期文化和河南龙山文化、岳石文化及商文化在内的不同时期的文化遗存。

那么清凉山遗址的先民们是如何生活的呢？从发掘成果看，这里最早的先民生活在相当于中原庙底沟二期时期（年代为前2900—前2800年。庙底沟二期文化是从仰韶文化到龙山文化过渡阶段的遗存，属于中原地区龙山文化的早期），生活用具使用的是夹砂和泥质陶器，陶器颜色是着色不匀的红褐色，器物表面以素面磨光为主，也有较多装饰横篮纹的，器形宽折扁足鼎，宽折沿鼓腹罐，细腰长颈高实足鬶。

龙山文化时期（距今4200年左右）先民的生活用具主要是陶器，以泥质灰陶为主，也有黑色陶器。陶器多数为轮制，制作精致。生产工具有石器、骨器和蚌器等。他们的生活遗迹主要有灰坑，有少量灰沟和残破房基。灰坑为椭圆形，居住的房屋为半地穴式圆角长方形建筑。

岳石文化的先民（年代距今约4080年）使用的生活用具是夹砂和泥质陶器。生产工具有陶器、石器、骨器、蚌器等。主要遗迹为灰坑，发现少量残破房基（由于破坏严重，难辨房屋形状）。岳石文化遗迹有灰坑和房基。遗物有陶器、石器、骨角器、卜骨、蚌器和铜器等。

商文化遗迹有灰坑、房基和灰沟。遗物有陶器、石器、玉器、骨器、卜甲和卜骨、蚌器。

夏邑清凉山遗址的发掘，为了解这一地区新石器时代至夏商时期的文化面貌提供了丰富资料。清凉山遗址发现的相当于庙底沟二期的文化遗存虽然比较少，但从文化面貌看，其与豫中地区的庙底沟二期的文化和山东大汶口文化晚期遗存均有相似的文化元素；清凉山遗址发现的龙山文化遗存与以永城王油坊为代表的造律台类型（王油坊类型）同类遗存极为相似，因此这类遗存可以归入造律台类型，它虽然属于中原龙山文化系统，但也含有相当数

清凉山遗址岳石文化尊形器

清凉山遗址

量与山东龙山文化相同的因素。

岳石文化的发现具有重要意义，在柘城李庄遗址也发现有岳石文化的遗迹和遗物，说明原本是东夷文化的岳石文化在夏代至商初西渐到了今商丘境内，清凉山遗址的岳石文化遗存的文化面貌与鲁西南地区的比较接近，而与胶东半岛的较为疏远，再加上该遗址龙山文化所具有的相当数量的山东龙山文化相同的因素。以考古资料证明了这一地区是东夷文明与中原文化交互融合的文化的遗存，清凉山遗址的考古发现正是夷夏文明交融的见证。

• 探索商丘殷商文明的新线索 •

——柘城李庄遗址

李庄遗址，又名山台寺遗址，面积2.18万平方米。位于柘城县申桥乡李庄村北，1971年被发现，1985年被正式定名为李庄遗址，2006年被国务院公布为全国重点文物保护单位。遗址原为高出地面的堌堆，顶部建有寺庙。

1995年4月至1997年6月，中国社会科学院考古研究所与美国哈佛大学联合对该遗址进行了考古发掘，发掘面积398平方米，发掘成果显示，李庄遗址主要为河南龙山文化晚期和岳石文化遗存。李庄遗址文化层厚约4米，文化内涵有岳石文化、龙山文化等，尤以龙山文化遗存最为丰厚。龙山文化遗迹中有较大夯土台基；房址有圆形、方形和长方形多种；牛坑一座；清理水井一座，井口的四角上各有一个柱洞，表明井口之上原先或许盖有锥形井亭之类的建筑；灰坑68座，形制有方形、圆形和不规则形等几种；不完整的木栅栏遗址一座，它是由23个小柱洞连成一段弧线，中

李庄遗址出土的牛祭祀坑

李庄全景

间有一处宽约2.5米的豁口。此外，还清理出残窑一座，灶址2处。

李庄遗址一个比较重要的发现是在一座五连间排房房基南约30米处发现一座圆形祭祀坑，坑内共埋有九头整牛和一个鹿头，这是迄今所见龙山文化时期埋牛最多的特例。一个祭祀坑埋九头牛，表明了祭祀的重要性与祭祀者地位的非同一般，龙山文化遗址的这个发现是没有先例的，它或许说明龙山文化的一支与其他地方的龙山文化的发展平行，在豫东发展出来由山台寺可以代表的一支特殊的晚期龙山或岳石文化，它就是殷商文明的前身。

李庄遗址新石器时代文化遗存丰富，为探索和研究豫东地区新石器时期文化发展序列提供了珍贵的实物资料，具有很重要的学术价值，在很小的发掘范围内（不足400平方米）清理出大型夯土台基，圆形、方形、长方形等不同形式的建筑，主要是还有5间连建的排房、祭祀牛坑、带有亭子的水井，这些发现表明这里应该是当时一处非常重要的聚落遗址，居住者的身份也非同一般，是寻找先商城址的重要线索。

• 商人遗落的家园 •

——柘城孟庄遗址

孟庄遗址，又称心闷寺遗址，据光绪《柘城县志》记载，土岗上曾有唐代和清嘉庆年间两度重修的“心闷寺”。位于河南省柘城县岗王乡孟庄村北侧、蒋河南岸，1961年文物普查时被发现，1986年被公布为省级文物保护单位。

遗址平面呈长方形，南北长280米，东西宽110米，面积约3万平方米。柘城至太康的公路从遗址中部穿过，将遗址分成南北两部分。1976年冬，中国社会科学院考古研究所河南一队在商丘地区文管会、柘城县文物部门的配合下对遗址进行考古调查。1977年5月，中国社会科学院考古研究所河南一队和商丘地区文管会联合在遗址北部进行了考古发掘，发掘面积为400平方米，发现了丰富的商代二里岗上层时期的文化遗存。

1977年的考古发掘发现了商代窑址1座；冶铸作坊1处；窖穴22座；房基8座；墓葬7座；灰坑3个；发现1处规模较大的夯土台基，残存面积约250平方米。在孟庄村和公路之间钻探发现两处夯土台基和异常密集的灰坑，以上现象表明这个商代遗址范围较大且内涵丰富，应属于商代的一个重要居住地。

孟庄遗址共发现房基9座，分三类。第一类，2座。这类房子是先在地面上夯筑一个台子，然后在夯土台上建造泥墙房屋。夯土台平面呈长方形，台底略大，底东西残长14.1米、南北宽7米，台面东西长13.4米、南北宽5.2米，面积69.68平方米。

夯土台除西边外，东、南、北三面为斜坡，为散水使用。在夯土台上是三间为一组的排房建筑，三间房屋紧密相连，两间之间共用一个墙壁，房与房之间室内无相通的门道，中间一间面积大且房高较高，两侧两间面积小且房高较低，是东西对称的偏房，或称耳房，排房坐北朝南，以中间房东壁为准，方向为南偏西3°。其他还有平地建筑的方形和圆形房子。

根据解剖房基了解，其建筑方法是在夯土台上挖掘墙基槽，基槽挖成后，用黑色草泥土沿墙基槽网上垛成墙壁，泥墙内外壁面经过修平（20世纪七八十年代柘城农村土房也是使用这种方法建造的），墙内壁面抹一层1厘米厚的草泥土，表面用火烧成红色或红褐色，然后再涂抹一层黄色泥浆。

在遗址第二地点发现一座冶铸作坊基址和一座陶窑（窑址平剖面图、陶窑复原图），作坊基址出土很多铸铜碎泥范和一些坩埚残片。基址房屋平面为长方形南北长3.6米、东西宽2.4米，面积6.24平方米。陶窑由火膛、窑箅和窑室组成，陶窑南侧有一个圆形土坑，土坑是烧火活动和堆放燃料的“场地”。

在房基下发现一具人骨架，证实当时建造房屋时使用活人奠基的现象在我国至少在商代前期有所存在。

孟庄遗址最重要的考古发现是发现了商代卜骨、陶文、鞋底等，特别是鞋底的发现，是我国迄今为止发现年代最早的鞋子实物，表明在商代前期或更早的时候人们就有穿鞋的习惯了。该遗址大量商文化遗存的发现，是商丘地区关于商文化的典型遗存，为商丘是商文化重要分布区域提供了佐证，是研究商文化的重要材料。

商人最后的城堡

——宋国故城

宋国故城是我国历史上两周时期的宋国都城遗址，深埋于地下，20世纪90年代由中美联合考古队调查发现。2006年被国务院公布为全国重点文物保护单位。

宋国故城位于今商丘古城下，平面近方形，东西稍长，东墙在商丘古城东，北起东园前街，南至周台，南北长2900米；北墙在商丘古城北，西起董瓦房，东至睢阳区东园街117号民宅，东西长3252米；南墙在老南关，东起周台，西至郑庄，东西长3550米；西墙南起郑庄，北至董瓦房，南北3010米，周长12 985米，面积10.2平方千米，面积比商丘古城大近10倍。城墙为夯土筑成，城墙底部宽25～27米，顶部宽12～15米，高约10米。

城址平面形状很特别，从平面图我们可以看出，四面城墙都很直，但城墙走向不是正南北方向，城不是正方形，亦非长方形，东墙、西墙走向偏东北和西南方向，而南墙和北墙则偏东南和西北方向，东南角和西北角为钝角，西南角和东北角为锐角，这种城墙的定位方式值得研究和探讨。

“总体来看，西部城墙保存较好，而东部很多地段由于晚期建城没能保存下来或保存很差，西墙大部、南墙、北墙西段都保存很好，城墙顶部距离地表浅处有的不到1米，宽度大都在12～15米。根据横穿

宋国故城

南墙西段的地层钻探剖面分析，我们知道城内和城外东周时期的古地面一般在10米左右，而城墙夯土的根基则一般在11.5～12米，这说明有1～2米深的基槽。另城墙外深孔钻探结果确证有城壕或城湖的存在。”（中国社会科学院考古研究所、美国哈佛大学中美联合考古队《河南商丘县东周城址勘查简报》，《考古》1998年12期）

为了解城墙的结构和年代，1997年秋季，中美联合考古队选择在孙庄村西的南墙西段开探方对城墙进行解剖发掘，发现这段城墙由三部分不同颜色的夯土组成，第一部分浅褐灰花色夯土是在第二、第三部分夯土的基础上，加宽增高修筑使用的。第二部分夯土土色呈黄褐花色。第三部分夯土土色呈深褐花色，质黏，含料礓石极少。这部分当为初始建筑的主体城墙。

经钻探，在城墙保存较好的城址西部，包括西墙、南墙和北墙西段共发现5处缺口，其中南墙、北墙各一处，西墙3处，根据缺口位置、形状和地层堆积特征，可以确定它们是城门。

根据发掘结果判断，上述第一部分年代为汉代；第二部分夯土年代上限可能为春秋时期，下限为战国；第三部分夯土的年代下限似不应晚于春秋时期，而其上限或有可能推至商末周初。

据目前考古资料，该城始建于西周早期，使用于西周、东周（春秋战国）时期，直到公元前286年宋国被楚、齐、魏三家灭亡。西汉梁国迁都睢阳时及其以后沿用了宋国故城城墙，作为汉代梁国都城城墙，考古发现的城墙周长与史书记载的“梁孝王筑城30里”相吻合。

史书记载，西周初年，封微子于宋地祭祀先祖，使商民族香火延续，从这个意义上讲，宋国故城便成了商人最后的城堡，前286年齐楚魏灭宋，三分其地，商族至此灭亡矣。宋国故城的考古发现具有重要意义，为研究和探讨两周时期的列国都城提供了宝贵材料，报告认为它的始建年代在商末周初，甚至不排除其下有更早时期城墙的可能性，这为寻找商丘地区的商代城址提供了重要线索。

·梁王宫阙今安在·

——芒砀山西汉梁王墓群

芒砀山位于河南省最东部永城市北30千米的芒山镇，是豫东商丘境内唯一一处低矮的小山群，主峰海拔高度156米，突兀在豫东平原上的这一片小山群，由主峰芒砀山以及周围的保安山、夫子山、黄土山、铁角山、南山、窑山、磨山、僖山等小山头组成，方圆不过十几平方千米。芒砀山虽不高大，但因为有了西汉梁王墓群的发现，现在已经发展成国家AAAAA级旅游景区，吸引了大量国内外游客进山游览。

早在20世纪七八十年代，芒山镇一带的村民靠山吃山，除农业生产外，他们以开山采石为业，靠开山采石得来的石质产品销售作为经济来源，只要家庭有劳动力，经济收入还是比较可观的。随着村民开山采石的进展，埋藏在芒砀山的古墓逐渐被发现。1972年在保安山北坡一石灰窑厂工地发现一座汉代古墓，文物部门对出土文物进行了征集。1986年在僖山顶部东侧又发现一座汉代古墓，文物部门立即派业务人员进行清理，这一次抢救性发掘收获巨大，古墓内出土一套完整的金缕玉衣，这一发现震惊了文物界。1988年在保安山东南侧立山头开山采石又发现一座大型汉墓（即柿园汉墓），墓主室发现大面积彩色壁画。河南省文物局立即派出考古队对芒砀山进行全面考古调查，考古队经过近两年的工作，基本搞清了芒砀山古墓的埋藏情况。

考古调查发掘资料证实，芒砀山是一处保存较好的西汉梁王墓地，到目前为止，共发现大中型汉墓21座。其中石崖墓10座，石室墓6座，土坑墓1座，墓室情况不详者4座；陵园2处；寝园建筑基址1处；陪葬坑6座。发现有保存完好的柿园汉墓钱币窖藏坑及墓室壁画，出土大量文物，主要有僖山、窑山汉墓金缕玉衣各一套，陶俑，玉器，鎏金车马器（分实用器、明器），铁器，铜器，陶器，漆器，木俑等。

芒砀山西汉梁王陵的调查与勘测肇始于20世纪30年代。1936年，前河南省古迹研究会李景聃等为寻找先商文化渊源，在豫东永城调查曾注意到梁孝王墓（洞），并对墓室进行了测量，将调查结果发表在《中国考古学报》第二册上。20世纪70年代以来，河南省及商丘地区文物工作者在上级主管部门的指导下，对芒砀山汉墓的分布情况进行了详细调查，1982年对梁孝王墓进行了维修。1986年商丘地区文化局（商丘市文化局）组织专业技术人员对僖山一号墓进行了抢救性发掘，该墓的发掘是了解芒砀山汉墓的新开端。同年，河南省政府将西汉梁王陵墓群公布为省级文物保护单位。1990年实测了梁孝王墓墓室结构。同年，河南省政协派出了由我国著名考古学家安金槐等人组成的调查组，对芒砀山西汉梁王陵的保护管理情况进行实地调查，并写出了调查报告。

1992—1994年的考古调查、发掘资料显示，保安山陵区保存最为完整，在芒砀山西汉梁王诸陵区中具有代表性。陵园平面呈南北长方形，陵园墙筑于四周山脚下，由陵园墙封闭为一个独立的单元，陵园内的建筑除位于山顶的南北并列的二主墓（一、二号墓）外，二号墓西北有三、四、五号三个陪葬墓；一、二号墓之间东侧二阶台地上建有寝园；山的东西两侧有大量小型陪葬墓；寝园东北角有守陵人的住宅；陵园正门位于陵园东墙南段，与一号墓墓门东西相对；正门内西北角有一处夯土基址，可能是守陵士兵及低等官吏的“寺吏舍”；陵园正门外100米处发现有门阙基址，可能此处为陵园外城垣。

西汉梁王陵的墓室结构可分两类：一是石崖墓，也称洞室墓。即在石质山体上凿筑墓室，就是所谓的“穿石为藏，斩山作郭”。二是石室墓。即先在山体上凿制长方形石坑或挖成长方形土坑，在坑中用预制好的方形或长方形石条砌筑墓室。陪葬墓墓室结构也分为两类：一是石室墓，与王墓中的第二类相同；二是长方形竖穴土坑墓。以第二类为主，第一类仅发现夫子山三号墓、黄土山三号墓两座。

石崖墓共发现10座，分为A、B两型。A型由墓道（露天开凿）、甬道、主室、侧室（耳室）四部分组成，属于该型的墓有柿园汉墓、夫子山二号墓、南山一号墓、黄土山二号墓。B型墓除具有A型墓的四个组成部分外，另有环绕主室的回廊。保安山一、二号墓属于该型。B型墓是目前所知梁王陵中结构最复杂的墓葬。保安山二号墓有两个墓道、两个甬道、两个主室及34个侧室。东西总长210多米，总面积1600平方米，总容积6500立方米。该墓规模之大、结构之复杂是目前所知我国汉代诸侯王墓中所仅有的，这10座石崖墓，除铁角山三号墓情况不明外，其余9座均为梁王、王后的墓葬。

石室墓共发现6座，其中属于梁王、王后的墓有4座，可分为A、B两型。单墓道，用预制好的石条在长方形竖穴石坑或土坑中砌筑墓室，用石条封堵墓门是A、B两型墓的共同特点。A型墓为单墓道、单室墓，B型墓为单墓道、多室墓。

西汉梁王陵陪葬墓的墓室结构可分三大类：一是崖洞墓，二是石室墓，三是土坑墓。土坑墓又可分为三个小类：一是单墓道长方形竖穴土坑墓。二是长方形竖穴土坑墓。三是带竖井墓道的土洞墓。其中以长方形竖穴土坑墓为主，占已发现总数的95%以上；崖洞墓只有铁角山三号墓一座（根据现有资料，保安山四号墓、五号墓墓室结构尚不清楚），因没有发掘，具体情况不详；石室墓发现两座，即夫子山三号墓、黄土山三号墓。

芒砀山西汉梁王陵保存完整的墓葬结构，具有重要的考古价值。第一，它是仿梁王生前宫室修建的复杂的墓室建筑，是研究汉代建筑史的珍贵资料，更是我们了解西汉梁王宫室建筑的活化石。第二，芒砀山西汉梁王墓墓室结构，保留了大量汉代建筑学信息，例如在梁孝王墓甬道前段使用的是拱顶建筑，反映了在我国西汉前期（梁孝王死于前144年）已经使用了这种建筑形式，否定了拱券建筑形式是在张骞出使西域后，由西方传入我国的说法。第三，芒砀山西汉梁王陵的发掘，丰富了西汉诸侯王陵墓资料，对研究汉代诸侯王的丧葬制度具有重要价值；第四，西汉梁王陵墓寝园、陵园的考古发掘对没有进行过大规模考古发掘的西汉帝陵的研究具有重要参考意义。

不腐不朽的寄托

——金缕玉衣

芒砀山西汉梁王墓地共出土2件完整的金缕玉衣：第一件是1986年出土于僖山一号墓的，现收藏于河南博物院。第二件是1998年出土于西黄土山（俗称“窑山”）一号墓的，现收藏于商丘博物馆。两座墓的墓葬均由长方形墓道和长方形墓室组成，墓室长约7米、宽3.5米。玉衣长1.7米左右，玉衣由2000余块玉片用金丝编缀而成，根据墓葬结构及伴出文物判定其年代为西汉晚期，是梁国晚期某

金缕玉衣

位国王的葬服。

玉衣，也叫“玉匣”“玉柙”，由头罩、面盖、上衣、袖、手套、裤、脚套等几部分组成，是汉代皇帝和高级贵族死时穿用的殓服，外观和人体形状相同。玉衣是穿戴者身份等级的象征，皇帝及部分近臣玉衣的玉片是以金线联结的，称为“金缕玉衣”；其他贵族的则使用银线、铜线、丝线编造，称为“银缕玉衣”“铜缕玉衣”“丝缕玉衣”。金缕玉衣是汉代规格最高的丧葬殓服，大致出现在西汉文景时期。汉代人认为玉是“山岳精英”，将金玉置于人的九窍，人的精气不会外泄，就能使尸骨不腐，可求来世再生，所以用于丧葬的玉器在汉玉中占有重要的地位。

玉衣的起源可以追溯到东周时的“缀玉面幕”“缀玉衣服”，到三国时曹丕下诏禁用玉衣，共流行了400年。到目前为止，全国共发现玉衣20余件。

由于金缕玉衣象征着帝王贵族的身份，有非常严格的编制工艺要求，汉代的统治者还设立了专门从事玉衣制作的“东园”。这里的工匠对大量的玉片进行选料、钻孔、抛光等10多道工序加工，并把玉片按照人体不同的部分设计成不同的大小和形状，再用金线相连。制作一件中等型号的玉衣所需的费用几乎相当于当时100户中等人家的家产总和。

穷奢极欲的汉代皇室贵族们，迷信“玉能寒尸”。为使尸体不朽，他们用昂贵的玉衣做殓服，且使用九窍器塞其九窍，可谓费尽心机。但结果适得其反，由于金缕玉衣价格昂贵，用金缕玉衣做葬服不仅没有实现王侯贵族们保持尸骨不坏的心愿，反而招来盗墓毁尸的厄运，以致“汉氏诸陵无不盗掘，乃至烧取玉匣金缕，骸骨并尽”。其实，即使那些盗墓贼没有光临，当考古工作者打开那神秘的洞室时，祈求“金身不败”的墓主人已化作一抔泥土，剩下的也只有一具精美绝伦的玉衣了。

• 不为观赏的画作 •

——商丘汉代画像石

石刻艺术是人类社会发展到一定历史阶段的产物。在金属工具出现之前，刻石还只是一些简单的刻画符号、记号等，到春秋战国时期，金属工具的使用，特别是冶铁技术出现之后，石刻艺术才有了较快的发展，并走向成熟。到了汉代，我国石刻艺术已发展到炉火纯青的水平，汉代画像石便是其中的典型代表。

汉代画像石是汉代民间艺人雕刻在墓室、棺椁、祠堂、门阙上的以石为材、以刀代笔，融合绘画、雕刻、工艺美术和建筑艺术于一体的石刻艺术品，是我国汉代绘画、装饰艺术的杰出代表，是我国古代文化遗产中的瑰宝，反映了我国汉代艺术的辉煌成就。

商丘是中华民族的主要起源地之一，但由于历史上黄河无数次的泛滥改道，沉积的泥沙完全改变了商丘原始的地形、地貌，造成大量历史文化遗产深埋于地下，因此早期的石刻在商丘发现不多，商丘汉画像石墓主要发现于历史上受黄河泛滥淤积影响相对较小的商丘市东部的夏邑县和永城市两个区域。

1989年中国汉画学会成立大会在商丘召开，与会代表近百人，包括时任中国艺术研究院院长、著名的“红学”研究专家冯其庸在内的历史、考古、文学、绘画等领域的知名学者云集商丘，通过实地查看、研讨论证，一致认为商丘汉代画像石出土地点集中、地域特征鲜明，有别于南阳、徐州等地，是一处独立发展的画像石类型，遂定名为“商丘汉画像石”。这就是“商丘汉画像石”名称的由来。

商丘汉画像石具有独特的画像内容，其内容以祥禽瑞兽为主，有龙、虎、“人首蛇身”“人首兽身”“羊首马尾”“鸟首兽身”“有角有翼长尾之兽”，特别是叫不出名字的异兽较多，只有少量人物、动物、楼阁等。大致可以分为4类：第一类是具有祥瑞辟邪寓意的朱雀、三足乌、凤、铺首衔环、青龙、白虎、飞廉、麒麟、人首兽身、兽首鸟身、羊首马尾、龙穿璧、蛙首兽身、青羊蛟、辟邪、鸟首龙、异龙、兽首蛙身、鼠首蛙身、天禄、神兽、双首神兽、鸟首兽、人面兽、獐首虎、羽人驾虎、翼龙、四人首龙、三人首龙等；第二类是反映远古神话内容的伏羲、女娲、蟾蜍、捣药的玉兔等；第三类是反映现实生活方面的车骑出行、田园狩猎、驯牛、骑牛、舞乐百戏、佩剑门吏、执矛门吏、鹤、鱼、雁、鹿、猩猩等；第四类是图案二、四方连续十字穿环、菱形纹、垂幔纹、水波纹、直线纹等。这一部分除个别为主题图案外，大部分做装饰图案。雕刻技法为剔地浅浮雕、阴线刻，多数是两种技法并用，也有在画像上涂朱砂的做法。

商丘已发现多处西汉前期画像石，改变了学术界关于汉画像石产生于西汉后期的看法。商丘汉画像石地域特征鲜明，是我国汉画像石大家族中的一朵绚丽的奇葩。它独立发展，自成体系，其产生有特殊的历史文化渊源和背景情况，其发展轨迹线路清楚。商丘是先商民族的重要起源

商丘汉画像石

地之一，是商王朝的重要统治区域，是中原文化的重要组成部分。龙、凤画像比较多，以神话传说、祥禽瑞兽为主要内容，是商丘汉画像石的主要特点，也是其区别于其他地区汉画像石之所在，画像内容的独特性、雕刻技法的地方性、浪漫的艺术风格构成了自成体系的商丘汉画像石，商丘汉画像石在其产生、发展过程中又受到其他地方特别是邻近地区汉画像石的影响。从1961年河南省博物馆发掘永城固上村汉画像石墓以来，至今已发现发掘商丘汉画像石20余座。

• 沉默千载的守望者 •

——汉代陶俑

永城芒砀山西汉梁王陵区柿园汉墓墓道和夫子山汉墓二号陪葬坑共发现陶俑人数十件，根据埋葬位置、俑体形状特征，可分为守门俑、仕女俑、骑马俑等。在柿园汉墓墓上封土和墓道内出土有守门俑、仕女俑和骑马俑三种。两件守门俑出土于柿园汉墓封土内，通高69.5厘米。泥质灰陶，直立姿势，胸微含，双手拱于腹前，鼻为泥塑，双目、口部为墨绘，头戴武弁冠，身着右衽曳地长衣，足蹬平头翘首履，宽袖遮覆双手，衣领、袖口饰带状彩绘花纹，花纹为红色（朱砂）线描菱形纹、圆点纹和“Z”形图案，与长沙马王堆一号汉墓出土的漆屏风边缘花纹基本相同。

骑马俑和仕女俑均出土于墓道底部。骑马俑出土40余件，通高51.5厘米左右，泥质灰陶，手制和模制相结合，俑人形态各异，裸体，上身直立，无臂，肩部外侧断臂为圆形，中心有一圆孔，双腿外跨成八字形，作骑马姿势，臀及大腿下部呈拱形，裆下中心部位有圆形插孔，无冠，长发于前额中分，挽发结于头顶。体表施白色化妆土，偶见朱砂痕迹，由于脱落严重，难辨图案，可能是彩绘服装。仕女

柿园汉墓出土的守门陶俑

骑马俑

仕女俑

俑，通高53厘米，肩宽7.8厘米。泥质灰陶，手制和模制相结合，俑人形态各异，裸体，上身直立，无臂，肩部外侧断臂为圆形，中心有一圆孔，胸部微凸，身材修长，双腿并立，脚趾雕刻清晰，长发于前额中分，向后垂至背部，发端挽成垂髻，与长沙马王堆一号汉墓出土着衣女侍俑的发型基本相同，五官精美，面部清秀，神态娴静，体表施白色化妆土，偶见朱砂痕迹，可能是彩绘服装，由于脱落严重，无法辨认服饰形状。

夫子山汉墓二号陪葬坑共发现陶俑人17件，其中完整者4件，泥质灰陶，模制（眼睛、眉毛用墨线描绘），通体饰白色化妆土，唇涂朱砂，直立式，分男俑和女俑。男俑，脸为长方形，长发披于后背，发端挽结，身穿二重长襦，曲领右衽，腰间有黑色系带，双手合于腹前，长袖下垂，长襦落地，足尖微露，通高52厘米。女俑发型比男俑短而松散，身材比男俑瘦削窈窕，身着长袖喇叭口曳地长裙，“V”形领口，腰间系带，双手合于腹前，长袖下垂，不露足，裙缝于于身后。通高41厘米。

上述陶俑向我们传递的主要是汉代服饰的信息，为研究我国服饰史特别是汉代服饰史提供了珍贵资料。

在古代，俑的使用是为了让死者能在冥世继续如生前一样生活，所以俑真实负载了古代社会的各种信息，对研究古代的舆服制度、军阵排布、生活方式乃至中西文化交流皆有重要的意义，是了解中国古代雕塑艺术史不可或缺的珍贵实物资料。世界上最著名的陶俑是秦始皇陵兵马俑，被称为世界第八大奇迹。考古资料显示，我国使用活人奠基、陪葬的历史可以追溯到商代前期；到战国中期以后，逐步用俑人代替活人陪葬，这是人类文明进步的结果。

• 阑猪丰月祭家神 •

——汉代陶猪圈

猪是人类最早圈养的家畜之一，我国养猪的历史可以追溯到新石器时代。在中原地区的河南新郑裴李岗和河北武安磁山遗址同属早于仰韶文化的新石器时代，都发现有很多猪骨，说明在前6000年左右，中原地区养猪已经盛行。在新石器时代墓葬中发现大量使用猪头骨陪葬的现象，是墓主人生前拥有财富的象征。

商丘博物馆收藏的一件出土于永城酂城汉墓二号墓的釉陶猪圈，造型别致，由矮墙围成的长方形猪圈与四阿顶双层楼阁式厕所相连，圈侧有台阶通向厕所二层。“猪圈，平面长方形，四周为一矮直壁，除后直角上置一平顶盖外，其余空着，圈长33.6厘米，宽15.4厘米，墙高10厘米，盖两边与墙平齐，可为猪挡风雨，盖长7厘米，宽4～7厘米，圈内有三个大小相同且形状一样的猪，直立，低头，闭嘴，睁眼，耳直立于头侧，尾向上卷起，一头猪横站着，另两头错位站立，每头猪长3.8厘米、宽2厘米、高2.5厘米。厕所为二层楼侧，第一层与圈相通，第二层为厕，前面为一上下厕所的斜坡，阶梯有8阶，两侧置挡枋，坡度为35°，台阶长11.2厘米，宽5.4厘米，高11厘米。厕所前为一长方形平台，长14厘米，宽9厘米，平台地面印有长条形铺地砖，其周有围栏，前面留有小门，围栏为直壁，上面较宽而平，栏内与壁平直，栏外侧呈弧形内收与外面相接，左右围栏外侧印有三立柱、两横栏……厕所为一三开间，进深一间，为五脊悬山翘

陶猪圈

角大屋顶……厕所内中后部设有“T”形长条形镂孔，下通粪便池。猪圈与厕所的隔墙开三个长方形弧顶门与厕所下相通……厕所间面宽11厘米，进深11厘米，高19厘米；厕所与猪圈面宽28厘米，进深33.6厘米，通高29.8厘米。”（河南省文物考古研究所、永城市文物旅游管理局《永城黄土山与酂城汉墓》第139～140页，大象出版社，2010年8月第1版第1次印刷）

永城酂城汉墓发现的陶猪圈给我们传递了这样的历史信息：第一，它从一定程度上反映了汉代对猪的养殖采用了圈养的方式，而且猪圈建筑相当实用美观。尽管墓葬出土的猪圈是模型，想必现实生活中一定有实物的存在。猪圈建筑相当考究，可以判定，在建筑施工前，是经过认真设计的。第二，猪圈与楼阁式厕所相连，既可养猪，又方便积肥，是非常科学的养殖方式。说明汉代对养殖业是高度重视的，它给我们传递了汉代人在农业生产中，已经注意积肥的信息。

•《四神云气图》•
——柿园汉墓壁画

20世纪七八十年代，永城芒山镇柿园村的村民以开山采石为业。1988年夏天，村民赵德友在李山头（柿园村东北角）西南坡采石，在一次拔出钻头，往钻孔续放炸药时，发现一直放不满，他感觉情况不对，遂报告了文物部门。文物部门得知情况后，立即赶到现场调查，一座汉代古墓就此发现，因为这个地方属于柿园村，按照考古学定名原则，此墓被称为柿园汉墓（时代为西汉前期）。

考古工作者通过墓道进入墓室后，在墓葬主室南壁、西壁及顶部发现保存基本完好（墓室壁下部壁画遭破坏）的墓室彩色壁画，主室顶部壁画长5.17米、宽3.25米，面积约16.8平方米；南壁壁画面积5.35平方米；西壁壁画面积2.77平方米。壁画总面积达24.92平方米。

主室顶部壁画保存完整，画面内容为龙、虎、朱雀、鱼身鸭嘴兽（已故的安金槐先生认为是玄武）。画面主体是一条呈“S”形的巨龙，龙昂首张口，头生有枝双角，舌长伸，前端卷一鱼身鸭嘴兽。身生双羽，满身鳞甲。该龙生四足，头后、身体中段、一后足及尾部各生一花朵。龙上

柿园汉墓壁画

方绘一朱雀，做站立行走状，口衔龙角，其颈下及尾端各生一花朵；龙下方绘一条白虎，虎做行走状，昂首张口，拖长尾，头生两枝含苞待放的花朵，龙虎足踏云朵。画面空隙处填云气纹图案。以火焰状云气纹图案间璧形图案做边框装饰。南壁及西壁壁画内容为豹、朱雀、灵芝及变形云气纹等，边框饰图案与顶部相同。

壁画的制作工序是：先将石壁凿制平整，在平整的石壁上均匀涂抹厚约1厘米的细泥地仗，再在地仗上涂朱红色作为画面底色。在朱砂底上作画。先用粗线条勾画物象轮廓，于轮廓线内填色。主要用色有红、白、黑、褐、灰等。壁画色彩鲜艳、线条流畅，反映了较高的绘画艺术水平。

1991年商丘市文物工作队邀请中央美术学院专家对壁画进行临摹保护。1992年由河南省古代建筑保护研究院对壁画进行揭取保护，揭取壁画现珍藏于河南博物院。它被命名为四神云气图，是我国目前考古发现西汉前期面积最大、级别最高、保存最好、艺术水平最高的彩色墓室壁画，具有很高的历史、艺术和科学价值。

• 江河筹划方寸间 •

——开归陈汝《水利图碑》

商丘博物馆收藏的一件清代石刻——乾隆二十三年（1758）开归陈汝《水利图碑》，是馆藏一级文物（馆藏文物依据价值大小，分为一、二、三级，一级为最高级）。

开归陈汝《水利图碑》原来安放于河南省永城市西关巴河南岸三里道口村东头，现藏于商丘博物馆。该碑镌刻于清乾隆二十三年（1758）八月，青石质，碑高88厘米、宽162厘米、厚20厘米，碑身保存基本完好，图文清晰。

《水利图碑》镌刻内容分左右两部分：左侧为碑记，右侧为河渠图。左侧碑记由当时河南巡抚胡宝瑔亲笔撰写，楷书，竖行，共20行，满行42字，全文485字。碑文概括叙述了乾隆二十二年（1757）秋至二十三年（1758）春豫东地区大规模兴修水利的情况及镌刻此碑的缘由和目的。右侧的河渠图是开封、归德、陈州、汝宁四府28州县在这次兴修水利中所开河道沟渠综合图，并刻明河道沟渠的发源、流向及这次施工的长度、宽度和深度。包括西起密县、东至永城、北达黄河、南至新蔡，大约5万平方千米范围内的67条河道沟渠。

碑文所记这次豫东地区大规模兴修水利的原因是豫东地区遭受了空前严重的涝灾。为了排除积涝，使农民耕种时，保证收成，更是为了维护清政府统治的稳定，乾隆皇帝急调时任江西巡抚的胡宝瑔任河南巡抚，与钦差侍郎裘曰修“会勘豫省水道，筹办疏浚事宜”，胡宝瑔、裘曰修二人领乾隆旨意后，迅速驰往受灾地区。经详细勘察后，二人提出了先开干河、再开支河、继开沟渠，以沟渠之水引入支河，再入干河的疏浚方案。开归陈汝四府的治河工程于当年8月正式开始，由于策划周密、措施得力，更加之官民齐心，“仅数月之间，原办续办各工，一律迅速完竣”，共“开河六十七道（包括干河四道，支河五十三道，直沟十道），计两千五百里”。

这次豫东地区大规模水利工程，对排除水患，发展农业生产，起到了非常明显的作用。水利工程结束后，胡宝瑔等人为感谢乾隆皇帝的恩德，报请乾隆皇帝撰写了《中治河碑》，记载此事始末，立于永城西关巴河南岸三里道口村东头，同时立此《水利图碑》为以后治水树立规范，以便“凡有土之责者，按此而岁治之”。

此碑是历史上豫东地区治水留下的唯一一件实物资料，通过它可以看到清代对兴修水利的重视。如碑文所记这次兴修水利的方法是积极、正确的，可供后人在同类工程中借鉴，所记古河道虽然大部分已经淤塞成为平陆，但它仍然是今天豫东地区寻找地下水源可资借鉴的线索。此外，《水利图碑》在我国地图学史上的价值也不容忽视，我国地图起源很早，但古地图保留下来的却很少，刻在石头上的就更为罕见，它是研究我国地图学史的珍贵资料。

《水利图碑》同样是研究河南水利史的重要资料。河南在古代属于豫州之域，豫州地处中原，是我国历史上农业经济相对发达的地区之一，农业的发展很大程度上受制于水利。河南尤其是豫东地区，历史上受黄河水患最为严重，水患使这一地区经常积涝成灾。从大禹“导菏泽，被孟潴”，疏通河道，治理水患时起，与水患做斗争，保护人民生命财产安全，兴修水利发展农业生产，是豫东地区历史上每一个朝代都必须认真对待的问题，但令人遗憾的是历史上目前发现的对于兴修水利的情况多数只有简略的文字记载，能反映当时水利建设的实物很少，所以这块《水利图碑》就显得尤为珍贵。它是一件不可多得的、具有相当高研究价值的珍贵文物。

大禹斗水怪

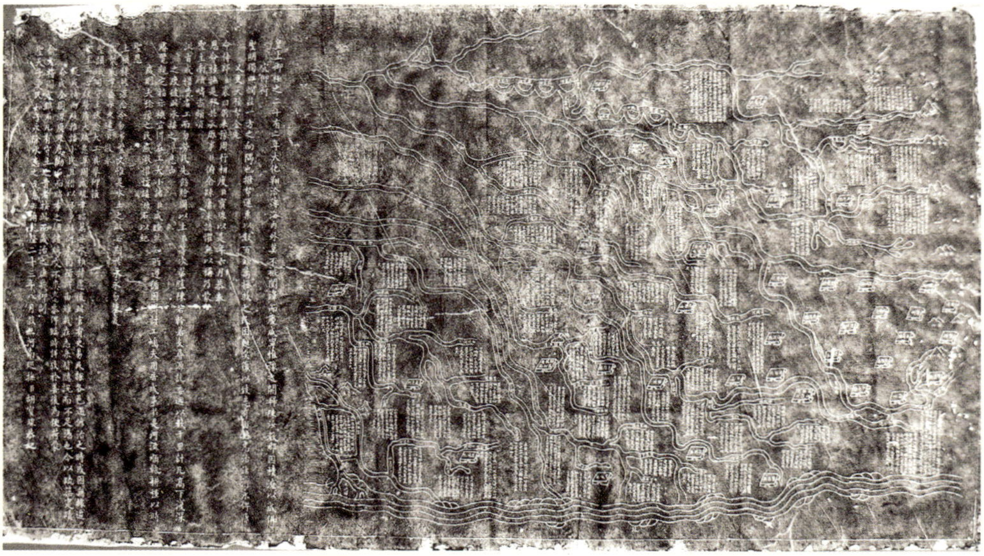

水利图碑拓片

胜景掠影

——三商之源 城古山厚水绵长

三商之源，历史厚重。胜景星布，人文荟萃。

这儿有一座城，名商丘古城，不喧嚣不粉饰，却具有深厚的文化底蕴。

这儿有一座山，名芒砀山，不争高不比险，却因它深藏西汉梁国王陵墓群而闻名天下。

这儿有一条河道，名黄河故道，已无激流和浊浪，只有大河遗落下来的弯弯碧水和沧桑故道情感。

自华夏文明有文字记载的历史人物燧人氏在商丘钻木取火以来，华夏文明浩浩荡荡，每一时段都在商丘留下了清晰的历史足印。一城、一山、一带，支撑起商丘人文旅游的骨架。而那些遍布城乡的景点，则把这座城市装饰得更加丰满。

• 商丘古城 •

——五千年不断脉的中国“古都城”样本

商丘古城位于商丘市睢阳区，是国家历史文化名城、全国重点文物保护单位、国家AAAA级旅游景区、中国十大古城之一、国家水利风景区、中国最具潜力十大古城之一、中国十佳古城之一、中国十大最有投资潜力旅游目的地之一、最具文化底蕴历史文化名城。

商丘古城与华夏文明同步，延续文明、经脉清晰，是中国五千年不断脉的“古都城”样本。现存地上的归德府城于明朝弘治十六年（1503）破土动工，历时八载，于明朝正德六年（1511）竣工，距今已有500余年的历史。现存归德府城之下同时叠压着明朝弘治十六年之前元朝时期修建的归德府城、北宋时期的陪都应天府南京城、隋唐时期的宋州治所宋城、秦汉时期的梁国国都睢阳城、周朝时期的宋国都城等6座都城、古城。商丘古城是世界上现存的唯一一座集八卦城、水中城、城摞城三位一体的大型古城遗址。

商丘古城主要包含归德府城、壮悔堂、张巡祠、八关斋、应天书院、穆氏四合院、归德府文庙等人文景点。

■ 归德府城

现存的归德府城距今已有500余年历史，虽然历经战乱，但保存基本完好，为全国少见的古城遗存。由于年代久远，兵祸天灾，古城曾多次被毁，又多次重建，但范围都在南北十里之内。

鸟瞰归德府城，外圆内方，犹如一枚巨大的方孔圆钱。寓天圆地方，天地相生，招财进宝之意。古城内有93（在古代的八卦学说中，9是最大的数字，而3是万物的源泉）条街道，把全城分割成许多200米见方的小块，格局如同棋盘。

归德府城城门至今保存较好。东门叫宾阳，西门叫垤泽，南门叫拱阳，北门叫拱辰。四门外原有四个瓮城，瓮城又各有一个扭头城门，按“五行相克”说，扭头城门的北门向西、东门和西门向南、南门向东。所以，归德府城古时候有“四门八开”之说。根据五行相生相克的理论，为防金木相克，古城的东、西两门相错一条街，东门偏南，西门偏北，出现了与南北轴线分别相交的两个隅首。这种独特布局，在中国古城中只有归德府城有。

归德府城内城地势呈龟背形，中间高，四周低，略向南倾斜。南门东、西两侧，各有一水门。通过水门，将水排进护城河。南、北城门虽相对，即水火相克，但水火亦相济。因商丘主火，火势太盛。所以将水门开于南门两侧，加上北门之水，谓之“三水济火”。

现存的五百年归德府城只是它的“今生”，它的“前世”也不仅仅是已经被探明的四城叠压，而可以上溯到4000年前，甚至更加久远。归德府城是中华城池文明中的奇迹，犹如“活的化石”，为研究中国古代城市的布局、特点、建筑规制，研究中国古代城市发展史以及相关时期的历史风貌，提供了极为珍贵的实物证据。

归德府城是中国古代城池的典范之作，在中国及世界上其他国家现存的古城池中都堪称经典。

壮悔堂

壮悔堂又名侯方域故居，位于商丘古城内东一街侯府西院内，是明末清初文学家、中国古代著名的传奇剧本《桃花扇》的男主人公侯方域著书立说的地方。

壮悔堂是一个明三暗五、前出后包、上下两层的硬山式建筑。上下贯通的4排圆柱和88根横梁构造成一个木间架结构。墙装青砖，顶盖垄瓦。屋脊有青兽压顶，屋内有木屏相隔。屋脊之上的青兽形态别致、姿势各异，门窗和格扇的镂花剔线十分精致，26根圆柱上龙凤浮雕栩栩如生。

侯方域巧作葫芦诗

李香君的故事

壮悔堂

根根圆柱同62根横梁巧妙扣合的木质结构浑然天成，使楼的内部骨架形成一个完善的整体，即使拆去四壁，楼堂仍安然无恙。建筑技巧令人叫绝，显现出清代匠人高超的建筑工艺。

壮悔堂前西侧有翡翠楼，因李香君曾居此楼，故又名“香君楼”。前东侧楼房为侯方域原配常氏的旧居。

张巡祠

张巡祠坐落在商丘古城南门外，是为纪念“安史之乱”中为保卫睢阳而殉难的张巡、许远等人所建。

今天的张巡祠，占地4.07万平方米，包括广场区、建筑区和墓葬园林区三部分。整个祠堂宏伟壮观，庄严肃穆。

八关斋

八关斋位于商丘古城南门外约500米的古宋河畔。

八关斋处原有一个寺院，名开元寺。据记载，唐朝节度使史思明的部将田神功，在平定“安史之乱”和解除睢阳之围中立了大功，深受睢阳百姓爱戴。唐代宗大历七年（772）四月，田神功得热疾，睢阳人便向官府建议，在开元寺举行八关斋会为田神功祈福，以报其解救睢阳危难的恩德。

当时，64岁的颜真卿应邀而来，感念此情此景，就撰写了900余字的短文，题为《有唐宋州官吏八关斋会报德记》，刻于石上。颜真卿运笔圆健浑厚，碑文内容豪迈奔放，如万丈瀑布一泻千里。此真迹被

张巡祠

八关斋

康有为称为“绝作”。

八关斋历千余载，几度兴废。中华人民共和国成立后，对八关斋进行了保护和维修。“文革”中，八关斋被拆除，石碑被砸坏。1993年，原商丘县政府据宋代拓片重刻此碑，1997年建成碑亭，而颜真卿真迹则保存在亭后的展室内。

应天书院

应天书院位于商丘古城南湖畔，又称应天府书院、睢阳书院、南京书院、南都书院、南京国子监，是中国古代著名的四大书院之一。

应天书院前身为睢阳书院，是五代后晋时的商丘人杨悫所创办。唐朝覆亡后，中国历史进入“五代十国”分裂时期，官学遭受破坏、庠序失教，中原地区开始出现一批私人创办的书院。当时有商丘人杨悫乐于教育，在归德府将军赵直的扶助下创办了睢阳学舍，聚众讲学。杨悫去世后，他的学生戚同文继承师业，继续办学。培养出诸如宗度、许骧、陈象舆、高象先、郭成范、王砺等后来都成为台阁重臣的著名人物。睢阳学舍（后称睢阳书院）逐渐形成了一个学术文化交流与教育中心。

1005年，宋真宗为追念宋太祖应天顺时、开创宋朝，将宋州改名为应天府。大中祥符二年（1009），邑民富人曹诚，在戚同文旧学之地出资三百万金，造舍150

应天书院

间，聚书1500余卷，广招学生，并于次年聘戚同文之孙戚舜宾为主院，以曹诚为助教，建立了书院。“博延众生，讲习甚盛”，愿以学舍入官，真宗下诏表彰，赐名“应天府书院”。应天府书院改为府学，官府拨学田十顷，充作学校经费。从此，应天书院取得了官学地位。书院得到官方承认，成为宋代较早的一所官办书院。学院的基本课程是儒、道、墨家经典《诗》《书》《礼》《易》《乐》《春秋》和《墨子》《道德经》等，“博涉百家九流之说”。

大中祥符七年（1014），应天府又升格为南京，为宋朝三京之一。此时的应天书院又被称为“南京书院”。

天圣四年（1026），范仲淹受知府晏殊之聘，主持应天书院。范仲淹继承戚同文“天下同文”之志，“以天下为己任”，以“九河我吞，百谷我尊”“浮云我决，良玉我切”的博大胸怀，为北宋培养了大批人才，如王尧臣、赵鮪、张方平、富弼、孙复、石介等。史载有“宋人以文学有声于场屋者，多其所教也”，于是，“天下庠序，视此而兴”。

庆历三年（1043），范仲淹参政“庆历新政”，应天书院升为南京国子监学，与东京（今河南开封）、西京（今河南洛阳）的国子监并列为北宋最高学府。

2003年，河南省政府批准应天书院在宋代原址附近进行修复，并被列为河南省和商丘市的重点旅游工程项目。重建的应天书院由河南大学设计，按历史文献记载恢复原貌。书院内的主要景点有：崇圣殿、大成殿、前讲堂、书院大门、御书楼、状元桥、教官宅、明伦堂、廊房等。

■ 穆氏四合院

穆氏四合院为清代穆炳坛家族的宅院。穆炳坛是清代归德府城内的富商，也是当时商丘古城内“七大家、八大户”之一。穆氏四合院位于商丘古城中山东二街路南，是商丘古城内保存比较完整、最具有代表性的四合院建筑群之一。

穆氏四合院原是一座一宅三院五门相照的清代建筑群，有房舍 80 余间。现存中宅院和堂楼院，有房舍 28 间，只有当初整个建筑的三分之一。中宅院正房 5 间，进深 3 间，明三暗五，前出后包，青砖小瓦，五脊六兽，为歇山式建筑。前有过厅 3 间，东西厢房各 3 间。门窗隔栅皆为木雕透花图案，设施古朴秀丽。

穆氏四合院按照传统的建筑形式，坐北朝南，以中轴线为中心，左右对称，前低后高，反映了长幼有序、男女有别的封建礼制。展示了明清时期建筑艺术的成就，为研究明清时期的中国四合院建筑提供了一个良好的范本。

2008年6月，穆氏四合院被河南省政府公布为第五批河南省重点文物保护单位。

穆氏四合院

归德府文庙

归德府文庙，又名孔庙，为祭孔圣地。位于商丘古城内，是河南省现存规模最大的文庙建筑，为河南省重点文物保护单位。

据说，孔子周游列国回到祖籍宋国商丘时，曾在此讲学。后人为纪念孔子，就在此修建了文庙。归德府文庙始建于元初，距今已有700余年的历史，历代均在原址上重建。与全国其他文庙布局不同的是，归德府文庙大成殿极具中原建筑风格，是唯一一座学堂建在大殿右侧的文庙，形成了左殿右学的独特建筑格局。

归德府文庙中的主体建筑大成殿面阔7间，进深3间，九脊十兽，飞檐挑角，为单檐歇山式建筑。文庙东侧有一棵4米多高的千年皂角树。文庙内现仅存大成殿、明伦堂、泮池。存明、清重修碑记5通。

• 芒砀山 •

——以山为寝的大汉之源

芒砀山位于永城市芒山镇，是一处集山水观光、文化品赏、生态休闲为一体的国家AAAAA级旅游景区。

芒砀山旅游区面积为14平方千米。拥有世界上规模最大的地下西汉王陵墓群、刘邦斩蛇处、大汉雄风景区、芒砀山地质公园、陈胜王陵、孔夫子避雨处、芒山寺、鲁雨亭烈士纪念馆等景点。芒砀山区的西汉王陵内出土了国宝级文物《四神云气图》、金缕玉衣。

西汉王陵墓群

芒砀山西汉梁国王陵墓群是从前144年梁孝王刘武首葬芒砀山后，历代梁国国王皆择山而葬所形成的墓葬群。前后历经八代九王约150余年。该陵墓群于1996年被国务院公布为全国重点文物保护单位。

西汉梁国王陵墓群“斩山为廓，穿石为藏”。构筑绝妙，气势恢宏。梁共王陵内出土的《四神云气图》彩绘壁画，具有极高的历史、艺术、科研价值。

梁孝王王后陵位于芒砀山的保安山北峰，坐西面东，南距梁孝王陵约200米。1991年发现，1992—1994年进行考古发掘。该地宫规模宏大，结构复杂，是目前中国发现的最大崖洞墓，被专家赞誉为“天下石室第一陵”。

王后陵有东西两个墓门，地宫穿透整个山体，地宫由三段甬道、两个主室、前庭、车马室、甬道、东宫、西宫、棺床室、回廊、贮冰室、浴室、厕所、排水系统组成，共有34个贮藏室。全长210米，最宽处72.6米，室内最高处4.4米，最高落差17米，总面积1600多平方米，容积6500立方米。地宫中遗存有我国最早的冰柜、坐便厕所、壁柜以及“一线天”奇观。最特别的是，地宫墓道和甬道全部用每块重约1吨的塞石封堵，近3000块塞石上均刻有文字，有编制严格的石块编号，有确定该石所在位置的排序，有干支计时、工匠姓氏、塞石尺寸、施工次序、宫室方位等详细内容，是一部非常珍贵的汉代石刻方字书库。

汉代是中国历史上最为崇尚厚葬的时代，而梁孝王刘武正处于文景盛世时期，国力雄厚，经济发达，在地宫的建造上极尽靡费。在火药尚未发明的两千多年前，仅凭人手一锤一钎的敲打，完成如此巨大复杂的工程确实令人叹为观止。

梁孝王陵位于芒砀山之保安山南峰，与北峰的刘武夫人李王后地宫，属于夫妻“同坟异穴”合葬地下宫殿。

梁孝王陵全长96米，最宽处32米，面积约700平方米。东汉末年被曹操率军队盗掘。在陵墓下方原建有巍峨壮观的寝园一座，毁于西汉末年，寝园基址保存基本完

西汉梁国王陵墓群

好，南北长110米，东西宽60米，面积6600平方米。主要建筑基址有前庭、照壁墙、寝殿、便殿、庖厨、回廊等。1992年9月至1994年7月河南省文物考古研究所对基址进行了发掘清理。1994年被评为全国十大考古发现之一。

由于梁孝王刘武特殊的身份和地位，其葬制享用了汉代皇帝的埋葬规格，对后代梁国王陵墓葬形制产生了很大影响。梁孝王陵巨大的工程建筑充分体现了中国古代劳动人民的创造才能和聪明智慧，同时它对研究汉代的物质文明、社会生活和丧葬制度等方面都有重要价值。

梁共王陵发现于1986年，1987年发掘，1991年发掘竣工，被评为1991年“全国十大考古新发现”之一。属于大型崖洞墓，坐东面西，系人工在坚硬的岩石中开凿而成，全地宫由墓道、甬道、主室、武库、仓屋、衣物存放室、庖厨、浴室、厕所、货币贮藏室、巷道及排水系统组成。长70余米，总面积383平方米。经专家考证，该地宫距今已2100多年，主人为梁孝王刘武的长子梁共王刘买。

墓道和地宫中出土了大量的车马器、陶俑、兵器、坐便厕所、有“东方维纳斯”之称的侍女俑以及重约5.5吨的225万枚铜钱。

另外，地宫前厅遗存了一幅让中国文物学界、考古学界、历史学界、美术学界的专家学者为之震惊的国宝级文物——《四神云气图》。整幅壁画简约抽象，充满流动之势，以强烈的动感和明快的节奏形成了起伏波动的韵律美，唱响了美妙欢快的天国畅想曲。它是一个繁盛朝代的象征，是一种社会时尚的张扬，是一股泱泱汉风的挥洒。经专家考证，此壁画是中国目前所见的唯一一处西汉前期诸侯王级的巨幅彩色壁画，填补了中国西汉前期巨幅彩色壁画的空白，代表了西汉绘画艺术的最高成就。这幅壁画被誉为“敦煌前之敦煌，敦煌外之敦煌”。它还被誉为“四最

刘邦斩蛇碑

壁画”，即篇幅最大、年代最悠久、保存最完整、考古艺术价值最高的壁画。

刘邦斩蛇碑

为了纪念刘邦，汉文帝时在芒砀山紫气岩前建了高祖庙，在庙前立了汉高祖斩蛇碑。后来，明代在原碑处重立一碑。碑高2.39米，宽1.15米，厚0.22米，碑额书“日月”和“汉高斩蛇之处”几个大字。碑座是一只巨大的赑屃。1983年，因年代久远且保护不善，碑文残缺不全，当地政府又仿照明碑重立新碑。碑正面刻有原碑碑文，碑背面刻有立碑缘由。为保护新碑，还建有高4.2米的仿古六角亭，古朴典雅。夜间光照石碑处，可显现刘邦高大威武的幻影，被称为天下奇观。

大汉雄风景区

大汉雄风景区位于风光秀丽的芒砀山主峰——“赤帝峰”。赤帝峰因刘邦芒砀斩蛇起义后隐匿于此而得名，又名“紫气岩”，为永城古八景之首，名曰“芒山王气”。山顶立有刘邦铜像一尊，高39.9米，为亚洲最高历史人物铸铜雕塑。区内有刘邦隐匿处密云洞、高祖庙、汉代礼制基址、张飞寨等景点。

芒砀山地质公园

芒砀山地质公园是集科普教育、观光休闲为一体的省级地质文化园林，由地质博物馆、奇石馆、地质文化长廊、寒武湖、寒武生态园等景观组成。其中地质博物馆布展面积5000平方米，馆藏矿石、矿

大汉雄风景区

芒砀山地质公园

物标本近千件，5D影院、地震体验、火山体验、海底船舱、电子翻书等高新设备近百部。园内的寒武湖生态园，湖水清澈，山水相映。

■ 陈胜王陵

陈胜王陵位于芒砀山主峰西南，为秦末农民起义领袖陈胜的魂归之处。

陈胜王陵

前209年，陈胜与吴广在大泽乡揭竿而起，建立了我国第一个农民政权——“张楚”政权。后因战事失利，陈胜被车夫庄贾杀害，部下吕臣杀庄贾后把陈胜安葬于此。刘邦称帝后，曾派30户丁役守冢，至今当地人自认为守墓人后裔。墓冢前有中国著名历史学家郭沫若亲笔书写的“秦末农民起义领袖陈胜之墓”石碑一通。

■ 夫子山景区

夫子山景区位于芒砀群山西部。春秋末年，孔子携弟子周游列国途经芒砀山，在此避雨晒书、演礼讲学。夫子山从而得名，是全国唯一一处用“夫子”命名的山体。由夫子庙、观音阁、夫子避雨处、郭塔、文圣园等组成。此处的“石崖滴翠”是永城古八景之一。

夫子避雨处

芒山寺

芒山寺，原名泰山禅院，又名碧霞元君祠。位于保安山南峰的山顶之上，坐北朝南，属仿清代建筑。现在寺内大殿供奉的是横三世佛，分别是释迦牟尼佛、药师佛和阿弥陀佛。据说寺内大殿内原来供奉的既不是佛像也不是菩萨像，而是三尊头戴凤冠、身披霞帔的神像。中间为碧霞元君，左边为佩霞元君，右边为紫霞元君，俗称“三仙奶奶”。保安山虽小，却有“南泰山”之称，所以当地百姓以前习惯把碧霞元君祠称为“泰山奶奶庙”，又名“泰山禅院”。

自从唐代开始，每年农历三月二十至三十逢泰山奶奶香火庙会，豫、皖、苏、鲁四省商贾云集，好戏连台，善男信女们日夜蜂拥登山进香，最多时客流量达10万人次。新中国成立后泰山奶奶庙被拆除，1992年台湾中道学苑主持真华法师捐资为家乡重建该寺院，更名为“芒山寺”。

鲁雨亭烈士纪念馆

鲁雨亭纪念馆坐落于芒砀山主峰南麓，占地约2000平方米。纪念馆坐北朝南，院中立有鲁雨亭烈士半身汉白玉雕像。其左后侧立有一尊高大的石碑，正面镌刻着中共永城市委、市政府的题词：“抗日民族英雄鲁雨亭烈士永垂千古！”背面镌刻着革命老干部鲁禹道、阎济民撰文的《鲁雨亭烈士生平简介》。雕像后建有五间展览室。介绍鲁雨亭烈士的生平事迹，展室后的苍松翠柏中有鲁雨亭烈士墓。

• 睢县北湖 •

——让一座城荣获“中原水城”之美誉

睢县北湖位于商丘市睢县，又称凤城湖，距离商丘市区以西68千米，形成于明末李自成决堤黄河、以水代兵时，距今已有约400年的历史。是国家AAAA级旅游景区。

睢县北湖水面阔达5000余亩，水面宽阔平静，湖底平缓，水质洁净，平均水深2.2米，最大水深3.9米，水源供给充足顺畅，湖底清澈见底，水质常年保持在国家二级以上标准，有着丰富的人文和自然景观。周围有5个卫星湖，总面积达1万多亩。依托这个资源，睢县成功注册了“中原水城”品牌。

位于睢县新城区、北湖畔的千亩生态湿地公园，每年春秋两季，上万只天鹅、灰鹤、白鹭等国家重点保护野生动物在这里停留、嬉戏，有着优美怡人的自然景观。

景区内历史文化遗迹众多、水上娱乐设施完善，最著名的有宋襄公陵、宋襄公望母台、甘菊泉、桃花洞、苏轼留墨处等。

宋襄公陵

宋襄公陵又称襄陵，为春秋五霸之一宋襄公的墓葬。位于睢县北湖风景区内，

中原水城

宋襄公筑台望母

墓高6米，墓基占地面积152平方米。

公墓呈圆锥形，由黏土堆压而成。陵墓原在宋襄公墓行宫内，现行宫已不复存在。睢县古称襄邑，就是因襄陵而得名。

睢杞战役纪念馆

睢杞战役纪念馆，是为纪念在睢杞战役中牺牲的烈士而建的，是国家AAA级旅游景区、河南省爱国主义教育示范基地、河南省国防教育基地。始建于1980年，占地面积103.58亩，坐东向西，正中是烈士英雄纪念碑。此纪念碑于1983年8月1日奠基，1984年10月1日修建完成。碑高19.48米，上有全国人大原副委员长叶飞同志的题字“睢杞战役英灵永垂千古”。

•淮海战役陈官庄烈士陵园•

——全国红色旅游经典景区

淮海战役陈官庄烈士陵园坐落在永城市东北25千米的陈官庄南侧，是国家AAAA级旅游景区，全国重点烈士纪念建筑物保护单位、河南省国防教育基地、全国红色旅游单位、全国爱国主义教育示范基地、全国红色旅游经典景区、国家国防教育示范基地。

陵园占地200余亩，安息着2300多名在淮海战役陈官庄地区牺牲的革命烈士。陵园内建有淮海战役陈官庄地区歼灭战纪念馆、淮海战役总前委群雕、烈士公墓、纪念碑及碑廊等纪念建筑物。

淮海战役陈官庄地区歼灭战纪念馆，馆名由迟浩田将军题写。2011年11月6日开馆。建筑面积9160平方米，是钢结构地下一层地上三层建筑，由建筑大师齐康院士设计。馆内有一个布置1440平方米的大型油画和900平方米的地面塑型的景画馆；二、三层展厅内陈列了830余幅历史照片和图片、140余件文物、20组场景、50幅油画国画、80个雕像蜡像陶塑等，并配备多台电视机、投影仪、触摸屏等声光电设施。

烈士公墓包括标志碑、烈士遗骨地宫、烈士名录石刻墙和烈士雕塑四个部分。2009年1月建成开放。标志碑高10.5米，宽5.7米，平面呈五星形，碑正面镶装着毛泽东主席手书的“为国牺牲，永垂不朽”八个金色大字。烈士遗骨地宫建在标志碑下方，面积600平方米。地宫内有282组石棺，石棺内安放着在淮海战役中牺牲

淮海战役陈官庄烈士纪念碑

的1691位烈士的遗骨。烈士名录石刻墙由168页岩书石卷组成，镌刻着当年在淮海战役陈官庄地区歼灭战中牺牲的华东野战军各个纵队和部分支前民工共7291名烈士的英名。在烈士名录墙前树立着郑克、朱宝承等12名著名烈士花岗岩雕像。

碑廊由东碑廊和西碑廊组成。东碑廊建在纪念碑东侧，建筑面积730平方米，碑廊内安装着表现淮海战役决战决胜精神、人民奋勇支前和缅怀烈士等内容的大型花岗岩浮雕，面积318平方米。西碑廊建在纪念碑西侧，建筑面积730平方米，碑廊内安装着36位中国当代人民军队军事家和57名开国上将的汉白玉浮雕，浮雕面积282平方米。

纪念碑是1975年为纪念在淮海战役中牺牲的烈士而兴建的。碑高24.6米，碑上镶装有周恩来题写的“淮海英雄，永垂千古”八个贴金铜字，碑顶镶嵌着五星、两支相交的步枪和绸带等图案组合而成的石雕碑徽，碑座上有贴金的石刻碑文。

陵园内有直观、生动、真实可信的文物资料，有一支热心为游客服务的职工队伍，有极富感染力的陈列展示内容，有较大的瞻仰凭吊场所，有风景秀丽、鸟语花香的优美环境。每年瞻仰凭吊者达30万人次以上，被誉为“淮海战役的缩影、教育群众的沃园”。

• 黄河故道生态走廊 •

——豫东大地上古老的水上长城

商丘市黄河故道生态走廊位于商丘市北部，西起民权县、东至虞城县，全长134千米，总面积约1520平方千米。

故道内林茂粮丰，鸟语花香，大面积的湿地、草滩，构成了典型的河谷自然景观，且为水生物的生存、特种动物的养殖及鸟类的栖息提供了良好的生态环境。

黄河故道生态走廊包含多个国家级森林公园、国家级湿地公园和国家级水利风景区。其中有黄河故道大堤、黄河故道、田庙梨园、国家森林公园、民权申甘林带等景区。

■ 黄河故道大堤

商丘境内保存完好的黄河故道大堤，长134千米，高13米，底宽百米。曲折连绵，雄伟壮观，像一条岿然横卧在豫东大地上的巨龙，是商丘最宏伟的历史景观。春季鲜花簇拥，夏季绿树成荫，秋季花果飘香，冬季白雪皑皑。长堤高高耸立，蔚为壮观，有“绿色长廊”“水上长城”之称。

据有关资料记载，金大定二十年（1180），朝廷以商丘为治河指挥中心，开始修筑南北两岸大堤。之后，元代、明代又先后在此治理黄河多年，由于黄河“一斗水半斗沙”，以致河随堤增高，最后形成地上“悬河”，一遇大水，就决口漫溢，泛滥成灾。直至明代万历二十年（1592），工部尚书兼总理河道潘继训以“束水攻沙”“以水治水”的方法，动用沿河5万人民、历时15年，在原有基础上筑起此堤，从此使黄河定于一道。结束了400年来黄河多道并行、泛滥为灾的局面，治河方告成功。清咸丰五年（1855），黄河再次改道北上，留下了这道故堤。黄河故道大堤是沿河人民为保卫家乡用血与泪筑起来的，也是豫东人民治理黄河、保卫家乡的重要标志。

■ 黄河故道

史料记载，南宋建炎元年（1127），康王赵构在商丘即位，即宋高宗。因金兵来犯，高宗南逃，次年命东京（今开封）留守决黄河以阻金兵。这次人为决口，使得黄河河道夺泗入淮。从此，商丘成了黄

黄河故道森林公园

河的主河道，动辄泛滥成灾。至清咸丰五年（1855）六月，黄河决兰考铜瓦厢，改道北徙，由山东利津入渤海，再没回头。于是，流经商丘727年的黄河主河道成了今天的黄河故道。

今天的黄河故道内森林茂密、古树参天，其间镶嵌着六座竹节式水体，以刘口水体最大，达万余亩，水质良好。另有大面积的湿地、草滩，构成了典型的河谷自然景观，为水生物的生存、特种动物养殖及鸟类的栖息提供了良好的生态环境。黄河故道文化积淀丰厚，虞城三省庄，梁园区刘口水旱码头，皆流传着很多脍炙人口的民间传说。黄河故道，是融美丽的田园风光和古老的人文景观为一体，有极高的文化内涵和旅游开发价值的城市后花园。

三省庄 · 千年古槐

虞城县张集镇马滩村东北4千米的黄河故道旁，立着一个“三界碑”。界碑高1米有余，成三棱柱形。它的西南面刻着“河南”，东南面刻着“安徽”，北面刻着“山东”，三面均有“国务院，2013年”字样。界碑是国务院1996年立的，2013年进行了重改。站在界碑前，南跨一步是河南，北跨一步到山东，东跨一步到安徽。而位于“三界碑”旁边的马滩

三省庄的千年古槐

村，就被称为“三省庄”。

马滩村是一个拥有3000人口的大村，因马姓人居于河滩上而得名。中华人民共和国成立前，马滩村曾分别隶属河南、山东、安徽三省管辖。追溯到清代，三省在马滩村的分界点仅仅是一口水井。这口水井位于今马滩村东部千里马雕塑西北200余米的地方，村里人称之为“三省井”。

中华人民共和国成立后，马滩村完全划归河南省虞城县管辖。

在马滩村附近，还生长着一株有1200余年树龄的唐代大槐树。树高30余米，表皮皲裂，枝叶稀疏，枝条中空。槐树“阴面”近黑色，“阳面”呈土黄色，“阳面”颜色的形成，离不开树下神龛中的香火熏烤。村民把大槐树称为“老槐爷”，在其枝条上挂满了红布带，以祈求福寿和平安。

田庙万亩梨园

黄河故道旁的虞城县田庙乡境内，有2.2万亩以种梨为主，间种苹果、桃、杏、李等杂果的广袤梨园。

田庙万亩梨园是远近闻名的优质水果生产基地，是江北最大的杂果生产基地。2004年，被商丘市政府确定为商丘市无公害果品生产基地。目前已经建成9个林果专业村，年产各类鲜果5万余吨。每年春暖花开之时，杏花、桃花、梨花竞相开放，花团锦簇，吸引周边数十万游人呼朋唤友前来赏花游玩。金秋时节，硕果累累，百果飘香，把众多游人召唤到果园，融入大

田庙万亩梨园

自然，漫步于黄河故道，采摘品尝甘甜的鲜果。

利民古城

利民古城位于黄河故道旁的虞城县利民镇内。据史料记载，舜之子商均封于此，建立古虞国，建都纶城（今利民镇）。后到夏禹第六代，奸臣篡位，少康避难到有虞氏（即虞国），隐姓埋名改称杜康。他先后做了牧正（管畜牧的小官）、庖正（管膳食的小官），并发明了簸箕、扫帚和秫酒，被后人尊称为“酒祖”。后来，少康以此为根据地，带领兵马杀了篡臣，恢复了夏朝统治，成为“中兴”的明主。秦统一六国后，这里被编为虞县，归属砀郡。虞县之名，由此开始。此后，这里为历代县府所在地。明朝嘉靖九年（1530），虞国故城被黄河水淹没。

现在的利民镇古城是明朝弘治九年（1496）重建的县城，距今已有500多年的历史。古城的面积约2平方千米。筑土城，墙高5米，设四门，都建有高大的城门楼。嘉靖十年（1531），县治迁于此。崇祯八年（1635），范良彦、杨春育捐资将土墙改筑成砖墙。明清两代，又对城墙多次修缮。护城河外有护城堤，周长5千米，堤高约7米，堤上原有鲁班庙、火神庙、玉皇庙、三教堂、山西会馆等建筑。四个关堤口有土城门，门外有石牌坛。城东南隅有总排水沟，名水门阁。老城环城有护城河，面积1.2平方千米，深4米左右。河内高处原有地藏庵、观音阁、泰山庙、歇马亭等建筑。城内中间为大隅首，有4条大街及书院胡同、道院胡同、陈胡同等小巷。城内有旧式楼房70多座，还有九阁十牌坊。

商丘黄河故道国家森林公园

商丘黄河故道国家森林公园是国家级旅游线路“黄河之旅——中华民族之魂”和河南省“三点一线”东扩旅游热线的重要组成部分，是商丘市三大重点旅游精品景区之一。它位于梁园区北部的黄河故道区域内，规划区总面积约65平方千米，是国家AAA级旅游景区。

商丘黄河故道国家森林公园是在原梁园区国有林场的基础上建立起来的。梁园区国有林场始建于1958年，是以防风固沙为主要目的的生态型林场。清咸丰五年（1855），黄河改道后带来了风沙之灾。1958年，为了锁住风沙，改良盐碱地，原商丘市国有林场（后改为梁园区国有林场）成立，开展了大规模植树造林活动。经过几十年的建设，现已建成防风固沙林17.7万亩，森林蓄积量1.8万立方米，森林覆盖率达85.1%。拥有杨树、刺槐、泡桐、椿、楝等大面积树种以及杜仲、银杏和苹果、梨、杏、柿等经济林。国有林场成了商丘的一道天然绿色屏障，极大地改善了黄河故道周边的自然条件，根治了黄河故道区域的流动、半流动沙丘，提高了黄河故道区域的生态环境质量。

黄河故道区域上的万亩人工林成为人类改造自然、改善自然条件、改善生态环境的典范，成为人为干预自然、人与自然和谐共进的典范。

2002年12月，国家林业局正式下文，批准建立商丘黄河故道国家森林公园。这是全国唯一一处完全在人工林基础上建设的国家森林公园，它的建设填补了我国平原地区无人工林国家级森林公园的空白。

目前，商丘黄河故道国家森林公园形成了以绿为主，极具观赏性的生态自然旅游区，同时也集中了休闲游乐、动植物观赏、高效农业示范等多种功能。是一处以人与自然和谐交融，集自然景观及历史文化为一体，突出黄河“悬河”独特生态景观的生态自然旅游区。

■ 吴屯水库·林七水库·任庄水库

黄河故道民权县境内有三大水库，分别是吴屯水库、林七水库和任庄水库。

吴屯水库以南是王庄寨乡、孙六乡，以北是老颜集乡、林七乡，从吴屯大坝至林七大坝，长 12.5 千米，宽约 1 千米，呈东西向带状，水深 3 ~ 4.5 米，最大蓄水量 2400 万立方米，正常蓄水量 1800 万立方米。水量来源主要是林七水库泄水和大气降水。水量比较稳定，按正常水位可灌溉土地 7 万亩，并可发挥蓄水泄洪、养殖等综合效益。吴屯水库曾有吴屯渡口，现在仅存一通石碑，碑上刻着“吴屯水库渡口”六个大字。

林七水库水域辽阔，是黄河故道形成的一个天然蓄水库。水库北岸有葵丘会盟台遗址。水库地理位置优越，环境优美。

任庄水库位于民权县城关镇任庄村北部，是黄河故道上7座串联梯级水库中上游第一座水库，上接商丘市新三义寨引黄总干渠，下连林七水库。水面面积980公顷，平均堤顶高68米。任庄水库不仅有效地改变了县城及周边乡镇的生态环境，而且保证了灌溉、养殖、观光旅游等多种需水项目的安全性。

庄周陵园

庄周陵园是战国时期哲学家庄周（即庄子）陵墓所在地，位于民权县老颜集乡唐庄村东，黄河故道旁。它是河南省级重点文物保护单位，为国家AAA级旅游景区庄子文化旅游景区的三大组成部分之一。

庄周陵园占地面积29 040平方米。陵园大门为一座雕龙附凤的仿古牌坊，两尊高大威武的石狮蹲居两旁。踏进陵园，迎门正面耸立着一尊庄子青石雕像，基座上镌刻着庄子的生平简介。陵园正中间是一条流水潺潺的小河，河上有一座汉白玉拱桥。跨过汉白玉拱桥，有片宽阔的广场，广场正对着一座八角碑亭，亭内立有石碑一通。此碑为清乾隆五十四年（1789）冬日重立，碑高1.8米、宽0.67米，石面阴刻楷体“庄周之墓”四个大字，背面镌刻着326名立碑人姓名。碑亭东西两侧各有数块石碑，石碑上刻有法国作家儿尼亚赫·奈尔、日本学者武田秀夫等来此考察访问时的题词。碑亭后面为一圆形冢，高9米，周长88米。

陵园最底端有一碑林，碑林正中间长方形石板上刻有庄子的名著《逍遥游》。碑林共有108块石碑，按五行八卦的形式树立。

葵丘会盟台

葵丘会盟台位于黄河故道北岸民权县林七乡西村，面积300平方米，高2米。这里三面环水，林木葱郁，景色十分秀丽。“盟台夕照”曾为古代著名景点。

据《左传》《史记》等史书记载，春秋五霸之一齐桓公在前651年曾两次在葵丘与鲁、宋、卫、郑、许、曹等国相会结盟。规定不可阻塞水源；不能阻碍各地粮食流通；不可改换嫡子；不可随便杀死大夫；要尊贤育才；不让士世袭官职；同盟国都要言归于好等。葵丘会盟的主旨在于和平修好，让各国人民休养生息发展经济，而不同于通常的战争之盟，因此在历史上是比较著名的事件。

葵丘会盟台占地20多亩，是一座古朴端庄的四合院，依河而建，风景秀美。大门内立有三座石碑，中间石碑上刻着“葵丘会盟台遗址”几个大字。两旁石碑上刻着历代文人游葵丘会盟台留下的诗文。院里有一间会盟殿，大殿坐北向南，占地335平方米，殿内有齐桓公邀集八国诸侯的彩雕。两座配房在左右两边。

火文化景区

• 火文化景区 •

——华夏文明之火发祥地

商丘是火的发祥地、火的故乡。远古时期，燧人氏在这里钻木取火，燃起了中华文明的第一束火花。这里长眠着中国的“普罗米修斯”——燧人氏和管理火种的火神阏伯。商丘火文化景区包含阏伯台、燧人氏陵等。

燧人氏陵

■ 燧人氏陵

燧人氏陵，河南省重点文物保护单位。位于商丘古城西南的商丘火文化景区内，总占地面积约440亩，墓冢占地面积约4万平方米。进入燧人氏陵，首先看到的是一条神道，神道两边，有排列整齐的石雕，庄严肃穆。燧人氏墓冢和雕像矗立于陵区的中心，四周翠柏环抱，绿草如茵。

燧人氏陵为第十届全国运动会“华夏文明之火”圣火火种的采集地。

■ 阏伯台

阏伯台，民间称火星台、火神台，位于商丘古城西南、燧人氏陵东南隅，是距

阏伯台

商丘的由来

今4500多年的一处观星台遗址。它比东汉天文学家张衡在洛阳建的灵台还早2200多年，是中国现存年代最早的观星台，是研究中国天文发展史不可多得的实物资料，具有极高的科研价值。

阏伯台毗邻燧皇陵，形如墓状，高35米，周长270米，为圆形夯土筑成。现存阏伯台上有阏伯庙，又称阏伯祠，为元代建筑。庙宇有大殿、拜厅、东西禅门、配房、钟鼓楼，台下有戏楼、大禅门等建筑。正殿上有“离宫正位”四字。东为昭明殿，西为相土殿。明清以来，几经修葺。房舍宏伟，飞檐走兽，红墙绿瓦，色彩鲜艳。

2000年9月25日，阏伯台被河南省政府公布为第三批河南省重点文物保护单位。

• 华商文化广场 •

——天下华商的朝圣源地

华商文化广场位于阏伯台南端，是商丘市继承和发扬“三商”文化而建设的大型旅游文化广场，和阏伯台、花戏楼在一条中轴线上，与商丘火文化景区中的燧皇陵景区隔平原路相望，从而共同形成一个完整的商文化、火文化景区。

华商文化广场是为纪念华商始祖王亥所建，占地80余亩，由三商之门、财富大道、万商广场、王亥像四大部分组成。

三商之门由著名古建筑研究专家张家

华商文化广场

泰先生设计，采用3个变形的甲骨文“商”字作为基本造型，门顶雕以玄鸟，寓意为“玄鸟生商”，3个“商”字形的门相连，寓意为商族之源、商人之源、商业之源，商朝最早的建都地。

走进三商之门，便踏上了“富商大道”。大道从三商之门直达拜台，大道宽5米，长198米，由19组货币图案组成，分别为从夏至清19个朝代的货币。每组货币组图为一个朝代货币组合，货币由青石刻成，中间为大货币，周围依次为中、小货币，寓意为小钱聚大钱，货币中间的缝隙由白色鹅卵石填充，每组图案的四周均为用红色花岗岩刻成的头部向内的蝙蝠图案，寓意为招财纳福。整个大道共铺有历代货币260余种，4600余枚，堪称中华钱币的一部通史。同时，每组货币内均有一首刻在黑色花岗岩上的诗文，高度概括了每个朝代货币的特色，19首诗又组成了一篇令人耳目一新的《中华钱币吟》。富商大道通过时代的变迁体现货币的变迁，使人们直观地了解到中国古币的形制的演变。历代货币记载着我国古代各个朝代的富与穷、安与乱、荣与耻，可以使人们了解货币知识，激发爱国热情。

沿着富商大道一直走，便走上了“商海桥”。“商海”由两个元宝形水池组成，长100米，宽30余米，深1.5米，面积达3000多平方米。商海桥两侧各有一个驮元宝的石刻神龟。商海桥头有一对栩栩如生的石刻绿色“金蟾”身背两个天真调皮的幼蟾和串串钱币，还口衔金钱，憨态可掬。

“商海”北岸有两枚巨型中华古钱币，一枚为春秋时期的布币，另一枚为北宋时期的“大观通宝”，均为双面锻钢铸造，内设钢骨架，其形状、色彩均与真币相仿。其中“大观通宝”为外圆内方钱币，直径6.6米，厚0.5米，重4吨；布币高6.6米，厚0.5米，重4吨。截至目前，这两枚钢雕巨型中华古钱币堪称世界上体积最大、质量最重、工艺最精的中华古钱币工艺品。

过商海桥便进入万商广场。广场呈正方形，面积达8100平方米，可容纳万人集会，是举行各种拜商祖活动的场所，也是举办各种大型群众性文化活动的地方。广场是用两万余块天然红砂石铺成的，上刻有名家书写的甲骨文、钟鼎文、大篆、小篆、隶书、楷书、行书、草书等“商”字达两万多个；还有直径达5米的6个大“商”字分布在广场两侧，千姿百态，令人目不暇接，可以使人们在拜祖的同时，学习到中国书法知识，欣赏到汉字的时代演变和无穷魅力。

万商广场北侧，有长27米，宽18米，高2.7米的拜台。拜台下置有香炉、香案和长明火。拜台上有高达9.9米的华商始祖王亥铜像。铜像下有2.7米高的像座，像座阳面镌刻着“华商始祖王亥”几个字；阴面镌刻着王亥的生平事迹；左右两侧镌刻着由著名画家曹天舒先生精心设计的《王亥经商图》浮雕。

三商之门两侧的贵宾室和服务设施，为仿汉建筑，造型别致、风格独特、古色古香、巍峨壮观，使人一进商祖圣地大门便肃然起敬。绚丽多彩的古式灯笼，古朴典雅的仿古音箱，曲径通幽的鹅卵石小道，独具特色的园林绿化，更为华商文化广场锦上添花。拟建的商祖殿和商德碑，更将使华商文化广场美轮美奂，大放异彩。

华商文化广场东侧约20米，是商丘市博物馆。如果想进一步了解商丘的商文化和历史，可以到博物馆中看更多的实物、听更详尽的讲解。

从2006年开始，商丘每两年一届，在农历九月初九，举办中国·商丘国际华商（文化）节。目前，中国·商丘国际华商（文化）节已经成为全球华商盛事，为“全球最具影响力的十大根亲文化盛事”之一。

• 孔子还乡祠 •

——孔子祭祖省亲处

孔子还乡祠位于商丘市夏邑县城北7千米的王公楼村，为河南省重点文物保护单位。孔子祖先为春秋时期宋国贵族，其祖居地及祖坟仍在此地。

前680年，宋国宫廷发生内乱，孔子曾祖孔防叔为避乱而奔鲁。孔子成人以后知晓夏邑王公楼村为自己的祖籍，时常回祖籍祭祖省亲。孔子把这个地方叫作“还乡里”。后人思而立祠以祀之，因而取名“还乡祠”。

孔子还乡祠始建于唐初，其形制仿文庙，坐北朝南，有一壁、一坛、两殿、四门及碑林等。宋真宗时，孔子四十五代孙孔良辅、孔彦辅由曲阜到此定居，对孔子还乡祠修复扩建。金代，又立杏坛碑于大成殿之前。清道光元年（1821），增建崇圣祠。

现在的孔子还乡祠规模宏大、建筑雄伟。全祠占地50亩，有围墙、四门，南门处有一影壁墙，院中一坛，前后有两个大殿，内设孔子像及七十二贤像和孔子的先祖、历代儒学名家的牌位。东西两侧有厢房，院内还有碑林碑刻。整个祠堂建筑完全按照中国文庙建筑的基本格局和形制，

孔子还乡祠

而且可以像皇宫一样使用黄色琉璃瓦顶。来到孔子还乡祠，如同进入宫殿，使人感到肃静威严。

• 木兰祠 •

——女扮男装孝烈将军安魂地

木兰祠，原称“木兰庙”，又名“孝烈将军祠”，俗称“孝儿祠”，是纪念花木兰的祠堂。位于花木兰故里商丘市虞城县营郭镇，距京九铁路木兰站2.5千米，是河南省政府首期挂牌的重点旅游景点之一、河南省重点文物保护单位。

虞城县木兰祠在唐代就已存在，金、元、清各代均有重修。木兰祠曾占地万余平方米，有大门、大殿、献殿、后楼和配房等。后经战火，祠堂被毁，幸存祠碑两通，详细记载了木兰的身世、英绩及历代修祠情况。木兰祠对面有花木兰陵园，内有花木兰墓及花木兰父母墓。

一千多年来，每逢木兰的生日——农历四月初八，地方官吏率领邦民，前来致祭，以缅怀英灵、教育后代。后来就沿袭成每年农历四月初八前后为期三天的香火大庙会，豫、鲁、苏、皖四省交界百余里的群众，纷纷前来赶会烧香，进行贸易。

木兰祠景区自北向南依次为祠堂区、文化广场区、陵园区。

祠前广场上有一座戎装的花木兰石雕像。祠的西面是毛泽东主席亲笔手书的《木兰辞》诗壁。

木兰祠

花木兰的故事

木兰祠内有祠碑两通。一通是元代元统二年（1334）所立《孝烈将军祠像辨正记》碑，碑文载有对木兰身份、受封孝烈将军的确认及《木兰辞》全文。另一通是清代嘉庆十一年（1806）所立《孝烈将军辨误正名记》碑。

木兰祠大殿高16米，系砖木水泥仿唐建筑。舒展沉实，庄重大方，色调简洁明快，廊柱高耸、斗拱飞檐，艺术加工与结构造型严整统一，建筑构件体现了力与美的完美结合。走进祠内，迎面正中是一座高大的木兰戎装出征像。木兰身着黄金铠甲，戴黄褐斗笠，披昊绿战袍。

左侧是一组“木兰出征”塑像。右侧则是“木兰还乡”塑像：贺元帅、刘将军、校尉均铠甲鲜明。两组塑像是依据《木兰辞》和相关戏剧作品构思雕塑而成的。

在木兰祠里的三面墙上，是根据著名画家刘旦宅木兰从军连环画册制作的24幅大型壁画，再现了木兰从军的故事和情节。

• 伊尹墓 •

——中华厨师拜祖朝圣陵

伊尹墓，位于商丘市虞城县县城西南22千米魏堌堆村北，商代宰相伊尹之墓。旧时占地数十亩，墓冢高3米、周长50米，周围有一片古柏环绕。古柏距今已有1400多年历史，最大的直径3米多。墓前有伊尹祠，内塑其像，历代修葺。1978年，墓西曾出土商代、周代、汉代时期的陶片。

伊尹初为有莘氏国王的做饭奴仆，后被提为厨师。他自幼聪明好学，勤奋求知，对事物惯于分析探索，后来做了有莘氏国王女儿的教师。他在当厨师期间，看到人们为医病而吃中草药的叶、根时难以下咽，就用陶器煎草药汤液帮人治病。此后“汤液”便成为常用的中药剂型，使中药得到了广泛应用，并延续至今。故伊尹亦被尊为“烹饪鼻祖”，至今各地厨师拜祖碑刻尚存。

商汤听说伊尹有才，以钱币聘请，有莘氏国王留而不放。商汤又向有莘氏国王求婚，有莘氏国王把女儿嫁给了商汤，伊尹作为陪嫁之臣也到了商汤那里。后来伊尹看到夏朝国君夏桀非常残暴，百姓处在水深火热之中，就以“烹饪做汤”的道理劝说商汤伐夏救民。商汤看伊尹有雄才大

伊尹祠

伊尹的爱情故事

略，精通治国之道，就任伊尹为国政。伊尹辅佐商汤南征北战，推翻了夏桀王朝，建立了商朝，在今谷熟镇建立了商都。伊尹又辅佐商汤“铸金钱，制礼乐，定献令，迁九鼎于商都”。铸金钱，以便于人们进行物资交易；制礼乐，即制定国家礼仪、国乐，使整个国家达到文明有序；定献令，即制定国家法律法规，惩治坏人，使统治者廉政爱民，群众安居乐业。商汤死后，伊尹又辅佐了外丙、仲壬、太甲、沃丁4位帝王，前后共辅佐了5位帝王。

伊尹死后，沃丁帝以天子礼将伊尹葬于都城南亳。商汤称伊尹为“元圣”，意思是最高尚、最伟大的圣人。魏堌堆遗址处的伊尹墓前的石碑上，仍刻有“商元圣墓”四个字。

每年农历二月初二、九月初九，伊尹墓逢古会。逢古会之日，临近的安徽、山东、江苏的乡民纷纷来伊尹墓踏墓拜祭，祈祷全家人平安健康，年景风调雨顺。

• 白云禅寺 •

——闻名遐迩的中州名寺

白云禅寺位于民权县城西南20千米处，距连霍高速民权出口15千米，交通便利。白云禅寺是豫东现存最大的古建筑群，占地20 652平方米，建筑面积1310平方米。为河南省重点文物保护单位。

白云禅寺历史悠久，始建于唐朝贞观元年（627）。金、元时曾毁于兵火。明代杰修大和尚重修。清朝康熙年间，佛定大和尚进行了大规模的修葺扩建。当时占地546亩，建有山门和钟、鼓二楼、五大佛殿、藏经楼及东西廊房千余间。建筑宏伟，庄严壮丽。寺内松苍柏茂，佛乐缭绕，游人如织，是白云禅寺发展的鼎盛时期。

寺内的第一层大殿是天王殿。此殿莲花脊上饰麒麟，岔脊上置走兽。殿内两侧供奉的是四大天王像，故名天王殿。中间供奉的是一尊满面笑容、赤脚打坐的弥勒佛。

第二层大殿是观音殿。该殿的东南侧有一六角小亭，此亭是为答谢台湾如虚法师等人一次性捐献两万美金而建的。观音殿脊饰滚龙，筒瓦覆盖，飞檐挑角，金碧辉煌。殿内两侧供奉的是十八罗汉像，坐姿不同，手持各异，神情奇特，栩栩如生。中间的观音菩萨，正襟危坐，伸手示意，似在阐释佛家经典。后边立韦驮菩萨。

大雄宝殿是寺内的主体建筑。殿前有青石栏杆，双狮把门，殿内为九脊泰山式，莲花脊上雕滚龙，琉璃瓦盖顶，斗拱华盖，笔触细腻，占地面积约500平方米。三尊用香檀木雕塑的大佛端坐殿中央，居中的是佛教创始人释迦牟尼，三尊大佛后面是海岛观音。观音菩萨的32个化身站在海岛上，表情各异，姿态纷呈。观音菩萨站在鳄鱼上，波涛汹涌，浪花翻腾。

大雄宝殿后有一座青石雕就的多宝塔，塔身刻有众僧拜佛，鼓乐诵经的场面。刻有《提婆呵》经文及日、月、鹤、

民权白云寺铁锅槐的故事

白云禅寺

莲花等图案。通体刻工精细，古朴大方。

多宝塔的东北角有一门楼，新颖别致，引人注目，脊上饰着一对胖娃娃，一个仰身，一个俯体，头顶青天，昂首相望，憨态可掬，活泼可爱，门前有玉石枕一对，由此得名玉石门枕晒娃娃门楼。

玉佛殿内有10余尊玉佛，均用缅甸白玉雕琢，宝石嵌银，形象逼真。特别是释迦牟尼的入涅槃法相，长达3米余，为当前国内所稀有。这是傅作义将军的姑母傅凤英老居士从缅甸特意向白云禅寺进献的。

位于寺院东北角的佛公灵塔，为青石雕成，塔基为须弥座形，六棱三级十八角，正面刻有“佛公灵塔”“傅洞宗三十一佛公大和尚”等字，塔身上雕有花鸟、虫鱼、走兽等图案，刻工精细，惟妙惟肖，线条柔韧，洒脱秀丽，为我国现存雕刻中的珍品。

佛公灵塔西南200米处有一铁锅古槐，高约15米，粗可3人围抱，老干斑驳，枝繁叶茂，婆娑如盖。令人惊奇的是，这棵大树竟长在一口大铁锅内，这锅口径2.5米，埋于土中，有半尺露在土外，紧紧抱着树根。据传，该树是康熙皇帝到此寻父时为了怀念父亲而亲手所栽，天长日久，长成参天大树，成为一处景观。

白云禅寺筹乐负有盛名。1952年，隆龙江师傅带领的佛乐队，在全国民间艺术会演中获奖，周恩来总理曾对他用筹吹奏的佛乐大加赞赏。

• 三陵台 •

——20多个姓氏圣祖起源地

三陵台位于商丘古城西北9千米处，为西周宋国宋戴公等三公王陵。三陵台三座陵墓突起的顶部并峙，像三座驼峰。墓区里的400多棵古柏，苍劲挺拔，疏密有致。

西汉景帝时，梁孝王刘武建梁园，在三陵台建了许多亭台楼榭，使之成为梁园中的胜景之一。客居梁园的文人雅士常和梁孝王一起到这里消闲饮酒，吟诗作赋。汉代以后，这里一直是中原名胜，为名人们游览的好去处。

三陵台宋戴公墓前，还有明万历年间的名臣宋缅之墓。

三陵台是宋、戴、牛、皇甫、武、宣等20多个姓氏的起源地。现在，已经成了

三陵台

戴、宋、牛姓宗亲的寻根圣地。每年都有海内外戴氏、宋氏、牛氏、武氏宗亲，聚首三陵台，祭奠三公。

三座陵墓前约百米处，立着一座气势颇为恢宏的大殿。此殿名为三公殿，建成于2008年，近千万元的建设资金全部来自世界各地戴氏宗亲的捐助。

• 柘城故城 •

——两千多年前的战国古城

柘城故城位于柘城县城春水路北侧旧湖区城内，以故城墙基为边界，东西长1800米、南北宽1600米，总面积288万平方米，是一处自新石器时代至明代延续不断的大型聚落遗址。

2013年3月，柘城故城被国务院公布为第七批全国重点文物保护单位。

2016年5月，柘城故城的保护规划编制立项通过了国家文物局的审批。这是商丘市第二个被国家文物局同意立项的全国重点文物保护单位（另一个是商丘古城）、第一个被国家文物局同意立项的遗址类全国重点文物保护单位。

2015年8～10月的考古成果表明，柘城故城的城墙筑成于战国时期，还发现有汉代建筑夯土台基、战国和汉代及明代的古井。像柘城故城这样完整、大规模的城池在中原地区并不多见。这座故城从战国时期一直使用至明代达千年之久，城池比较具有延续性。柘城故城的探明发现对研究中国古城池发展、演变过程具有重要意义。

• 炎帝陵 •

——远古传说今可信

炎帝陵是远古时期三皇之一炎帝朱襄氏的陵墓，位于商丘市柘城县城东6千米的大仵乡朱堌寺村。

炎帝陵呈圆形，黏土结构，陵高10.9米，周长158米，直径50米。墓周边用青石叠砌，高1.5米，墓四周用青石砌成高50厘米的台阶，意为“天圆地方”。陵墓规模庞大、气势恢宏，陵前有“炎帝朱襄陵”碑刻一通，香池一个，碑楼4座。

炎帝陵前右方，有一棵400余年树龄的皂角树。传说明惠帝朱允炆避难逃至仵家集（大仵集），常往陵前朱襄氏墓烧香祭祖，并在陵前亲植皂角树一棵。皂角树至今犹枝繁叶茂，亭亭如盖。

2001年，炎帝陵被商丘市政府公布为商丘市重点文物保护单位。

名品荟萃

——散落民间的商都韵味

华商之都厚重的历史文化，黄河故道旁独特的地理环境，孕育了很多区域独有的、独具特色的、黏附着独特历史文化韵味的、传承了几百上千年的民间品牌。它们虽鲜上正史，但在民间，在群众的手中、口中，依然延续着三商之源的文化精髓。

洞悉华商之都，不但要观看它的历史，浏览它的人文景点，还要品尝它的风味小吃，抚摸它的手工艺品，探究它的民间名品。

• 贾寨豆腐干 •

——传承200多年的朝廷贡品

贾寨豆腐干是一道由黄豆、花椒等食材制成的美食，产于商丘城乡一体化示范区贾寨镇。

贾寨豆腐干至今已有200多年生产历史，在清代曾被列为贡品。产品以优质黄豆作干料，辅料有草果、凉姜、桂皮、丁香等10余种。加工时成块的豆腐挤压出水，放入鸡汤锅里蒸煮而成。豆腐干为正方形薄块，色泽黑红，五香味浓，香而不腻，是佐餐下酒的佳品。

贾寨豆腐干曾作为贡品，不只是传说，至今，贾寨镇还保留着一颗乾隆皇帝的御赐大印。

相传清乾隆年间，刘墉治理黄河到虞城贾寨堤口并带贾寨豆腐干入京。乾隆皇帝犒劳治黄功臣时，贾寨豆腐干作为一道主菜被端上桌，乾隆皇帝一吃，发现其果然好吃：五香味浓、咸而不齁、香而不腻。乾隆吃后大喜，并赋诗云："锁住黄龙回朝转，贾寨豆干宴功臣。""贾寨豆腐干"遂能免验而进入御膳房，成为宫廷佳肴。从此，贾寨豆腐干年年被作为贡品进献，因此名声大振，并代代相传。

乌木印章

还有一种传说，是说一名济宁人在朝中为官，因知道"馨远斋"的贾寨豆腐干好吃，就呈贡给了乾隆皇帝。皇帝一尝，果然五香绵长，咸淡适中，筋而不硬，润而不干，于是龙颜大喜，曰："此豆腐干贡品，以后盖木印可免验进入御膳房。"就让那官员回去将印章转交"馨远斋"。凭着章印，贾寨豆腐干可以直接进入御膳房。自那以后，贾寨豆腐干就成为皇宫佳肴，美名传遍天下。据说，乾隆皇帝赐的印是纯金的，而那官员将金印章藏了起来，竟以乌木仿刻了一枚。这乌木印章，在贾寨流传了200多年。

现在的贾寨豆腐干，被加上了苗家"皇贡"字样，称为苗家皇贡贾寨豆腐干。

贾寨苗家制作豆腐干，至今已经传承十几代人。

一直以来，苗家制作豆腐干，都是手工制作，前店后厂，等客上门，或者将豆腐干用条筐一装，走街串巷叫卖。直到20世纪70年代末，苗氏族人苗长青，开始组织家人扩大豆腐干生产规模，增加产量。进入20世纪80年代初，借助改革开放的东风，贾寨苗家皇贡豆腐干厂进一步扩大生产规模，购置了锅炉、高压锅等设备。由原来的手工作坊生产转变成工业化流水线生产，产品质量进一步提高。

1984年年初，苗家皇贡贾寨豆腐干荣获商丘地区个体饮食风味小吃优质名牌。苗长青也在这一年成为全县为数不多的万元户，并由县长亲授红绶带，披红戴花坐汽车游历县城主要街道。

1985年春天，时任副总理的万里到商丘视察工作，在品尝贾寨豆腐干后说："贾寨豆腐干，质量口味独特，很有地方特色，要加以重视，扶持发展。使其更好地为人民生活服务，让小产品发挥大作用。"

1992年10月，中央军委原第一副主席杨尚昆来商丘视察工作，在品尝贾寨豆腐干后连连夸赞："咸淡适中，很有特色，要努力把它做成大产业。"

1995年，苗家皇贡贾寨豆腐干被评为质量计量信得过产品。

2000年，苗家皇贡贾寨豆腐干荣获全国乡镇企业经贸洽谈暨产品展销会金奖。

2002年，苗家皇贡贾寨豆腐干厂被农业部评为全面质量管理达标企业。

2006年，苗家皇贡贾寨豆腐干被评为首届"国际华商文化节"旅游商品博览会优秀产品。

2015年，苗家皇贡贾寨豆腐干荣获河南省"消费者放心食品"称号。

• 民权、柘城麻花 •

——干燥保鲜点燃如灯

民权贡品麻花与柘城鸡爪麻花，都有一个共同的特点，点燃后如灯一样，能照明走一里路。

民权贡品麻花出于商丘市民权县麻花庄，已沿传200余年。

《民权县志》记载：清朝乾隆皇帝南巡至黄河渡口，一阵风吹来，香味沁人心脾，原来是路旁有一老翁在烹麻花，芳香四溢。随从买来奉与皇帝，皇帝品尝后觉香酥味美，大赞，安排入御膳。地方官吏听到后，作为贡品进献，受到赏赐，并钦封烹麻花的村庄为“麻花庄”。

据考证，民权贡品麻花的前身为张家麻花。张家麻花始创于明代，清乾隆年间，张姓从山东张庄寨迁于此（现址麻花庄）处，耕作之余兼营麻花生意。自乾隆钦封村名后一直为清朝皇宫贡品。“文革”期间，此麻花制作技术被当作“资本主义的尾巴”打击，险些失传。党的十一届三中全会后，在当地政府的关心支持下，这一中华美食文化的历史奇葩才被挖掘出来。张俊江、张培仁父子打破家规，将祖传的秘方授予乡邻。

民权贡品麻花用小麦精白粉、专用植物油和十多种天然调料沿家传秘方烹制而成，具有“吃着香酥脆，点燃亮似灯，久存质不变，遇水软而松”的特点，是童叟皆宜、休闲差旅及补养身体的上乘风味小吃。

中国食品报、中央电视台等数十家媒体曾先后刊播《民权有个麻花庄》的图片和新闻。

1988年，民权贡品麻花初次进京，参加了“全国名特优产品展览”。1999年，民权贡品麻花获北京食品博览会金奖。2002年，民权贡品麻花获“全国科技博览会金奖”。2003年，民权贡品麻花获“河南名优小吃”称号。同年被法国科技质量监督评价委员会认定为“高质量产品”，现已打入国际市场。

柘城鸡爪麻花产于商丘市柘城县。因其形似鸡爪而得名，是柘城县城西南三十五里安平镇的名品。成品嫩黄，油然透亮，香脆酥焦，风味独特。这种麻花，能久放而质地不变，盛于塑料袋，能放半月仍然酥脆如故。即使浸泡在开水里十几分钟，仍焦香不减，一如新出。

柘城鸡爪麻花的来历无考，据传有王姓者祖辈以此为业。清雍正年间，安平集人刘慎，官任监察御史刑部左侍郎，曾以此品进贡。传至王安平一辈时，王安平因自己年迈乏嗣无后，方传此技于好友周大江。至今，周家已传四代，历100余年。柘城鸡爪麻花，折下一股用火点着，可以当纸枚点火吸烟。一股一股相接点着，一个鸡爪麻花可照明走一里路。

昔时，安平集归属鹿邑县。地处柘（城）、淮（阳）、鹿（邑）、太（康）交通枢纽，是豫皖苏鲁晋客商聚集的大集市，经过的人，纷纷买食，使鸡爪麻花风靡大江南北。

柘城胡芹

——国家地理标志产品

柘城胡芹

柘城胡芹，产于商丘市柘城县胡襄镇。为宋至明清时期的贡品。因产于襄王分封之地的胡襄集旁的胡庄而得名，迄今已有1000多年的种植历史。胡芹叶片深绿，根小棵大，茎部光滑，生长快，纤维少，吃着清脆无渣，芳香爽口，素有“芹王”之美称。同时，它还具有降血压、降血脂、养颜、保健的特殊功效，是绿色环保食品。

相传，赵匡胤黄袍加身当了皇帝后，柘城人将胡芹送至东京开封，赵匡胤品尝后赞不绝口。从那时起，胡芹便一直作为历代贡品延续至明清。

1953年，全国各地的名优农产品在北京农业展览馆参加展览会，胡襄镇农民把精心采收的1500千克胡芹运到北京参展。

从1958年到1962年，胡芹作为农产品曾多次进京参加展览。

2016年3月，柘城胡芹被国家工商行政管理总局认定为国家地理标志产品。

郭村烧鸡

——轻轻一抖肉骨分离

郭村烧鸡是一道商丘传统名菜，具有300多年历史。

郭村烧鸡

该产品的特点是：香味扑鼻、色佳味美，肉质嫩白，形体完整、烂而不腻，回味悠长。如趁热时提鸡两腿于盘上，轻轻一抖，即肉骨脱离，肉落入盘中。

20世纪50年代，孟家郭村烧鸡制作人孟昭行曾两次出席河南省科学技术交流会，被授予“烧鸡能手”“烧鸡技师”称号。

• 夏邑䐁汤 •

——很多人念不出名字的美味

夏邑䐁（音shā）汤是以肥羊、母鸡为主要原料，配以大麦麦仁、大料、葱、姜、辣椒、胡椒、味精、食盐等熬制而成。此汤经反复煮熬，鲜美可口，不腥不膻，吃肉不见肉，可谓色、香、味俱佳。由于使用多种配料，热量高，特别适宜冬季食用。食用此汤既能消食活胃，又能防感御寒。

䐁汤的制作方法是：头天晚上将白条鸡、牛羊肉洗净，滤去血水，放入大麦麦仁、葱、姜、大料（包括花椒、元茴、丁香、草果、草豆蔻、桂支、良姜等装袋）、辣椒（另装袋），煮4小时后，改文火再煮一至两小时，焖紧盖严，不使跑气；第二天早上再将煮好的汤锅烧开，兑入适量开水及芡汁，滚锅后放味精、胡椒即成。食用时，用长把勺盛入碗内，淋上香油，撒上韭黄或蒜苗花。

夏邑䐁汤

据传说，康熙皇帝南巡，路过栗城（今夏邑县城）。一天天过午时，他路过一家包子铺，里面飘出一股浓浓的饭香，顿时引得他饥肠辘辘。他忙拐进铺子，问店家香从何来。店家指着一口大锅说：香味源自锅中的汤。康熙帝赶紧让店家盛了一碗，一口喝下去，只觉胃肠熨帖，神清气爽，于是龙颜大悦，一连喝了三大碗。之后问店家汤的名字，店家也茫然，只说自家在煮肉时无意中熬成了这种汤，求皇上给赐个名。康熙略加思索，说道：“既然不知道是啥汤，那就叫它‘䐁汤’吧！”自此，䐁汤在民间流传了下来。

关于䐁汤，还有另一种说法。按照这种说法，“䐁汤”是一种流行于苏鲁豫皖四省交界地带的风味小吃，起源于彭祖的

“雉羹”。以鸡汤为基础，伴以麦仁、面筋等原料，味鲜香醇，口味独特，深受人们喜爱。清末徐州有一对联：“古彭城雉羹传世，今汪家糁汤飘香。”一说糁汤由雉羹演变而来，二说这糁汤即“掺米的肉汤”，方言“糁”，音近“啥”。不识者问：“啥汤？”主人自豪答曰：“就叫‘糁汤’！”并托言乾隆赐批，从此成为金字招牌。

• 永城枣干 •

——活血养颜的明清贡品

永城枣干因产于永城市演集镇丰庄村而又名丰庄枣干，因其在明朝及清朝时一直是皇室贡品，所以又叫贡品枣干。

一方水土育一方风味。丰庄枣干风味独特，别具一格。成品枣干澄黄锃亮，香甜如蜜，营养丰富，既能食用，又可入药，具有活血养颜、润肺化痰、清热生津等功效。

丰庄枣干在明朝天启年间即被列为贡品进献皇宫。明朝天启年间，永城人练国事被封为朝中监察御史。一次，练国事衣锦还乡，品尝过家乡丰庄的枣干后，感觉味道独特，食后回味不绝，在返朝时，他就将丰庄的枣干带进北京城，献给了熹宗皇帝。熹宗皇帝吃后连声赞许，立即下令御膳房向丰庄征收枣干。从那时起，丰庄的枣干就被列为朝廷贡品。至清朝时，丰庄枣干依然岁贡不辍。明清时期，皇帝每年年初及逢灾害年景时，都要在北京城的天坛祭天，以祈求皇天保佑，降福苍生。因为丰庄的枣干是朝廷的一道著名美味，为表示对上天的尊崇，从明熹宗开始至清末，皇帝祭天时，丰庄枣干即为必备祭品。

1914年，美国旧金山举行万国食品博览会。在博览会上，永城枣干与茅台相媲美，同时被博览会评委会评为优质产品。

明清时期，丰庄的枣树分成两个大林子，一个在村南，一个在村北。丰庄人称之为“南行”与“北行”。南行、北行都各有枣树上千棵，非常壮观。1958年那场浩劫后，两个行里所剩下的枣树不足30棵。现在，在丰庄北面有十几棵幸存下来的老枣树，枝节遒劲，树身上布满岁月留下的疤痕。这十几棵枣树都很粗，一个成年人根本抱不过来。据丰庄村民丰绍礼说，他们村曾经有一个长寿的老人，活了90多岁，于1985年去世。但在那位老人记事时，这十几棵枣树就已经长得很高并结果了。据此推断，这十几棵枣树的树龄都应该在100年以上。

丰庄枣干的制作，至今仍然传承传统工艺。俗话说："七月十五枣红圈，八月十五枣落杆。"用于制作枣干的红枣，一般在农历七月十五枣红圈至八月十五枣成熟之间采摘，如果等到八月十五以后、枣完全成熟后再做枣干，做出的枣干的味道就会不理想。

做枣干一共有四道工序。第一道工序是削皮。打下枣后，要先削皮。枣又小又圆，用小刀子一个枣一个枣地削皮是一种细活，没做过的人要学很长时间。但在丰庄，因为祖辈相传、耳濡目染，很小的孩子就能熟练地给枣削皮了，而且削得快，绝不会削到手指。

第二道工序是蒸发。鲜枣去皮后，进行日晒或者烘烤，将枣中的水分蒸发掉一部分。一直烘烤或日晒到枣的肉质柔软、能捏定型时为止。

第三道工序是挖枣核。削皮后的裸枣经晾晒或烘烤后，用特制的取核器（丰庄人称之为铁创子）在枣的梗处挖出枣核，随即用手一捏，取枣核的地方就没有什么痕迹了。这样，一般人就不知道枣核是怎样取出来的。

第四道工序是定型。取出枣核后，再回炕进行烘烤，待果肉松软时取出来，用细白面粉拌匀后进行定型。

最后再进行回炕或日晒，然后，藏在缸内或装进塑料袋子里就行了。

尽管历经300多年，但丰庄人一直保持着这种传统工艺。现在只有取核后的"手捏"一项手工废除了，改为用轧面机轧，速度快了，但这样取枣核处的痕迹就能被人一眼看出来。

削枣皮是一件很费时的活，河南省农科院曾经专门研究制作给枣削皮用的机器，但因为枣大小不一，又很硬滑，至今也没有研制成功。

丰庄的枣树结的红枣，初尝时感觉味道与其他地方的红枣并没有什么两样，但在制作成枣干后，味道却明显不一样。20世纪八九十年代，丰庄枣干因为其知名度及独特风味而畅销全国各地。丰庄当地产的红枣有时候根本满足不了制作枣干的需要，有人就从外地购进一些，按同样的工艺制作成枣干，但是口味就是不一样，要么味涩要么味太浓。只要是经常吃丰庄枣干的人，一入口就能知道那不是正宗的丰庄枣干。

永城市演集镇也曾经想在全镇推广种植枣树，靠丰庄枣干的名声发展“枣经济”，但是在距离丰庄村一定距离后，所种的枣树结的枣的风味就变了，保证不了丰庄枣干的传统风味。为了保证质量及保护好“贡品枣干”这个品牌，现在，演集镇把枣树控制在丰庄方圆1000多亩土地的范围内。

丰庄村人在20世纪90年代末还请了专家帮忙，利用枣干制品的副产品——枣皮、枣核，研究制作了枣茶，从而更进一步提高了红枣的经济效益。

• 惠楼山药 •

——厨师鼻祖做羹敬王之佳品

惠楼山药为著名的传统土特产，产于商汤宰相、厨师鼻祖伊尹故地虞城县店集乡惠楼村。

惠楼山药一般长1.5尺，个匀稍扁、皮色红润、肉色乳白、味甘、性平。既能充粮又为名特优蔬菜，药用及营养价值极高，属纯天然保健品。

经现代医学研究，惠楼山药含有丰富的黏液蛋白质、糖、淀粉、多种维生素及多种氨基酸和微量元素。用为中药，有养胃、健脾、补肺、益肾、健脑安神、利湿止泻、养颜防衰、延年益寿的作用。山药还具有滋阴壮阳的功效。

据《虞城县志》记载，明朝万历年间，惠楼山药被封为“一品山药”，为以后历代皇宫所用。

惠楼山药与其他山药相比，有三大显著特点：不麻不涩；面、甜、易剥皮，可一剥到头；营养及药用价值高。

• 柘城金麦草画 •

——化麦秆为神奇的手工艺品

金麦草画是商丘市柘城县的汉族特色手工艺品，河南省的文化遗产之一。它以优质麦秸秆为原料，利用麦秸秆的自然光泽和纹理，经过熏、蒸、漂、烫等十几道工艺处理，制作过程中吸收了国画、民间剪纸、南阳烙画、雕刻等多种艺术手法，制作出惟妙惟肖的人物、花鸟、山水等各种题材的手工艺品。

金麦草画的材料是小麦麦秆，颜色全部用烙铁烫出来，无任何染色。金子般的颜色，然后通过深浅不一的色彩过渡，达到单一颜色表现整体色彩的效果，比如鸳鸯的每一片羽毛都经过由浅到深的色彩处理。金麦草画古朴典雅，惟妙惟肖，富有立体感、层次感，散发出自然光泽，极其赏心悦目。

据考证，小麦先是由西亚通过中亚进入中国的西部地区。战国时代的《穆天子传》记述周穆王西游时，新疆、青海一带部落馈赠的食品中就有麦。商周时期，麦子已入黄河中下游地区。春秋时期，麦子已是中原地区司空见惯的作物了。据《左

柘城金麦草画

传》记载，今山东、山西、河南、河北、安徽等地当时都有小麦生产。

从麦子出现在我国的那一天起，我们聪慧的祖先就开始以麦秆为原材料进行艺术画的创作了，但由于历史变迁和社会动荡，传说中的麦秆画长期以来难觅其踪，直至秦怀王墓发掘时才出土面世。发掘出的麦秆画原作虽经两千多年腐蚀，仍然色泽鲜明，不失古朴本色，令人叹为观止。另有传说：刘秀被王莽追杀，万般无奈，藏于麦地之中，麦草随即化为树林保护刘秀。因此当地人视麦草为祈福迎祥之草，遂制作麦草画，供奉朝廷。

依此传说，东汉年间麦秆画的艺术层次与寓意又有了历史性的发展与升华。作为赖以生存的主要食品，小麦历来被人们视为神圣之物，古人祭祀天地时就赋予了小麦极高的地位，它象征丰收和财富。麦秆画也因为它的材质来源而不仅有浓厚的民间味道，又有着吉祥高贵的象征意味。

在封建农耕社会，麦秆画虽来自民间，却也十分稀罕，更因其作为皇家贡品，所以不可能在平凡百姓中流行，只能作为奇艺在皇室贵族间赏析珍藏。老一辈民间艺术家呕心沥血挖掘研究古老的工艺技术，大胆进行实践，使麦秆画这一民间瑰宝重现人间。

柘城金麦草画传人张公民，在金麦草画画面风格上，以民间传统工艺为本，努力追求时代特色；在色彩运用上，以小麦秸秆自然色为主调，点缀少许明快色彩而富于变化，配以红与黑相间的底纹，使其浑然一体，醒目、大气。张公民以其独特的艺术风格和精湛的制作工艺，创作了人物、山水、花鸟、仿名人书画等多种题材的作品，赢得了国内外艺术界很高的评价，被誉为中华瑰宝、民间一绝、艺术珍品，在北京、上海、广州、香港、台湾等地很畅销，并已远销欧美各国。

• 宁陵杠子馍、哨子汤 •

——一馍一汤美味扬

在商丘市宁陵县，杠子馍、哨子汤，是很多人的早餐。

宁陵杠子馍是商丘市宁陵县东街久享盛誉的特色传统面食小吃。宁陵杠子馍味道纯正，软硬适口，色泽漂亮，火候讲究。馍用开水一泡，软如蛋糕，用汤匙一

宁陵哨子汤

宁陵杠子馍

压即成糊状，酷似牛乳加糖，可代替牛奶喂小孩，故又称“牛奶馍”。

在宁陵县城，杠子馍还有另一个别名，叫“馍样子”。“样子”意为样品，就是供模仿的标准。意思是，宁陵杠子馍做得非常考究，其他馍都应该学习杠子馍的做法，宁陵杠子馍是馍的标准。

关于宁陵县杠子馍，有一个传说。明朝末年，李自成率领的起义军途经宁陵县，要北渡黄河。为便于携带食物，起义军管伙食的头目就找到在宁陵县做馍非常有名气的关家。让关家做大馍，一个大馍要让一个士兵能吃上10多天。老关家就用粗杠子、大锅做了几百个大馍送给了起义军。老关家的大馍非常可口，既能干吃，又能泡开后吃，很受士兵欢迎。随着起义军节节胜利，宁陵杠子馍也被士兵宣传到了全国各地。清朝时，宁陵杠子馍还曾被作为宫廷贡品进贡皇宫。

宁陵杠子馍由宁陵县城东街关家世代相传。据传人关合杰讲，其祖上在宁陵做馍就非常出名，他的祖父关敬新在20世纪初期承袭关家做馍的传统，在宁陵经营馍店。起初，关敬新经营的是小圆馒头。当时，逢红白喜事，方圆几十里的人都请关敬新去做馒头。关敬新做馒头有一绝活，他同时将两个馒头放进锅内，两个拇指随之一挤，待馒头出锅后，两个馒头之间就会出现两个抵头的活灵活现的“金鱼”。

为了让馍更好吃，关敬新改变了和面的方法，用粗杠子一遍一遍地挤压面，从而使面更加精细。为了增加挤压的力量，关敬新使用的杠子越来越粗，并对挤压的方法加以改进，把杠子的一头固定在墙里，人斜着身子在另一头用屁股挤压。这样，压力更大，做出来的馍也就更加精致，吃着更筋道。在关敬新的手中，关家馍逐渐形成了杠子馍的核心工艺及特征。

1983年，宁陵杠子馍荣获由商丘地区个体劳动者协会颁发的风味小吃荣誉证书。

1989年12月，宁陵杠子馍获得由商丘地区工商局颁发的个体饮食优质风味小吃荣誉证书。

从20世纪60年代起，宁陵杠子馍就被作为礼品馈赠亲友。人们出远门走亲访友，一般都要到关家定做一些杠子馍带上。

吃杠子馍找关家，喝哨子汤就要到范家。

宁陵哨子汤又名范家哨子汤。范家哨子汤创于民国初年，为宁陵县东街范家祖传技艺。哨子汤的主要原料是小米。将小米磨成浆以后，配以鲜鸡汤、羊油、粉条，加上茴香、姜、花椒、味精、食盐等熬制而成。食用时，在碗里浇上特制的牛肉精哨子和辣椒油，其味鲜美可口、不腥不膻、香而不腻、余味绵长。因喝时要放在嘴边吹一下，所以称作“哨子汤”。

在古老的宁陵县城，曾流传着这样一句歇后语：“‘范猴子’的哨子汤——独门。”“范猴子”名叫范训兰，是哨子汤的创始人。后来，这项手艺一代一代传了下来。如今，哨子汤的第三代传人范振中和他的两个儿子在宁陵县都开有哨子汤馆，而且生意兴隆。

• 睢州焦饹馇 •

——清香酥脆的汉族传统小吃

睢县古称睢州，焦饹馇是睢州独有的汉族传统小吃。焦饹馇入口脆香不腻，爽口宜人。适量食用，有清热解毒、祛火、降血脂的独特功效。

睢州焦饹馇曾为康熙一朝宫廷贡品，由优质绿豆和小米手工水磨为浆，先加工成扎卷，再均匀切割成条块油炸而成。

焦饹馇的制作方法是：原料用精良绿豆、小米，炮制磨浆，入锅摊成薄叶，然后叠扎成卷。将扎卷切丁过油即为焦饹馇，或淡或甜或咸、或糖烧或醋熘、或袋装，口味不一，用途多样。淡者下汤，其余均作拼盘之用。拼盘时，可摆成各种优美的造型，味鲜可口，清香酥脆，嚼后无渣，清热解毒，色泽金黄透亮。

·宁陵垛子羊肉·柘城蒸羊肉·利民羊肉汤·

——三大羊肉美食听即齿生香

吃羊肉、喝羊肉汤，是商丘人一种传统饮食习惯。因为这种饮食习惯，催生了一批具有地方特色的、关于羊肉的美食，这其中，以宁陵垛子羊肉、柘城蒸羊肉、利民羊肉汤最为出名。

■ 宁陵垛子羊肉

宁陵县垛子羊肉以关家垛子羊肉最为正宗。据传，关家垛子羊肉起源于明初，曾是朱元璋喜欢的一道美食，距今已有600余年历史。现宁陵县关家垛子羊肉的主刀关敬德，是关家第二十代传人。

关家垛子羊肉做法考究。先把去杂剔净的羊肉在盐水里浸泡，然后与老汤、特制佐料包放在一起，大火煮一个小时，再小火慢炖2个小时。3个小时后，把煮熟的羊肉捞出来，剔除肥肉，放在布里包好。在羊肉布包上面，压上木板和重物，过十多个小时即成。通过最后这道在布里的挤压制作工序，把熟羊肉里的水分和油压出来，肉更紧实，味道更美。

做好的垛子羊肉，色泽浅红，净肉无杂，质地瓷实。用刀切成的羊肉片，薄如纸，透明鲜亮。关敬德在祖传工艺的基础上，又结合现代人不喜油腻的特点，在压制前，把肥肉去除，使垛子羊肉不膻、不腥、不腻，口感更好，吃着更健康。

商丘人吃垛子羊肉，一般要配上烧饼。把垛子羊肉夹在刚出炉的热烧饼里，拌着葱花，是难得的美味。

宁陵县关家垛子羊肉曾被评为“中国名菜”、“商丘市传统风味名小吃”。2019年11月16日，宁陵县关家垛子羊肉被中央电视台科教频道《味道》栏目制作纪录片播出。

■ 柘城蒸羊肉

宁陵县做的羊肉以“垛子”出名，而柘城县的羊肉则以“蒸”闻名全国。

柘城蒸羊肉也有悠久的历史，之所以叫蒸羊肉，是因为羊肉是先煮熟后再放进蒸笼内蒸制。

柘城县蒸羊肉与宁陵县垛子羊肉一样，都是选用1岁左右10～15千克重的商丘本地小山羊羊肉为食材。柘城县蒸羊肉并不是将肉由生蒸熟，而是先煮，在煮的过程中，从羊肉五成熟开始，有人要站在锅旁，不停地把锅里飘起来的羊油舀出去。待羊肉煮到八成熟时，就把羊肉从锅内捞出来，再放进蒸笼里进行长时间的蒸。

柘城蒸羊肉的这个“蒸”，与宁陵县垛子羊肉把煮熟的羊肉放进布包内的“压”，目的是一样的，都是为了去除羊肉里面的水分。煮过的羊肉，羊肉疏松，含水量高。经过蒸和压，羊肉里面的水分就出来了，使肉更结实，吃着更耐嚼、爽口。

柘城县城经营蒸羊肉生意最红火的两家店，一个是位于柘城县城西关的李凤荣羊肉汤馆，另一个是位于柘城县城南关的海殿华羊肉汤馆。

■ 利民羊肉汤

利民羊肉汤是虞城县的地方名吃，因起源于虞城县利民镇而得名。

在利民镇老城内外，几乎每个餐馆里都卖羊肉汤，而且一年四季都能吃。这其中，以蔡家羊肉汤最为著名。

利民羊肉汤的原材料同样是选自商丘本地小山羊。现做现杀，保证了羊肉的新鲜度。一般情况下，经营羊肉汤的店家，在凌晨就开始熬羊骨，从而熬制成老汤。上午，再添水，加入羊肉，同时放上由19种佐料制作的料包，煮制。煮三个多小时后，再添加一些辣椒油去膻味。这样，主要的制作工序就完成了。

食用时，把羊肉切成薄片，放在碗中，用沸汤涮三遍。然后，在碗里放入调料、香菜、葱片等，再舀锅中的沸汤冲成羊肉汤即可。

利民羊肉汤在观感上有“三清”，即上层油清，中层汤清，下层肉清。整体看着清澈透明，喝着味道鲜美，同样不腻不膻不腥。

利民羊肉汤曾于2000年被商丘市政府评为“优质菜点”。2019年11月16日，利民羊肉汤被中央电视台科教频道《味道》栏目制作的纪录片播出。

『非遗』概览

——商丘非物质文化遗产概览

商丘作为中国历史文化名城，是中华民族文化重要发祥地之一，文物遗存丰富，历史名人众多，以此为载体而衍生出丰厚的非物质文化遗产，这是先祖在几千年农耕文明中创造的一笔珍贵财富，也是中原文化的重要组成部分。非物质文化遗产涵盖民间文学，传统美术，传统舞蹈，传统音乐，传统戏剧，曲艺，传统体育、游艺与杂技，传统技艺，民俗和传统医药等类别。

商丘非物质文化遗产灿若星辰，特色独具，豫东文化特质显著。它们的产生与豫东的自然环境、生产方式、历史变迁、社会心理密切相关，充分反映出历代在这里生活的人民不竭的智慧和无尽的创造力。

在2009年普查工作中，商丘整理线索21万余条，基本立项线索9500条。根据国家文化部（现为文化和旅游部）关于建立国家、省、市、县四级非物质文化遗产保护名录体系的要求，建立县级名录474项，市级名录134项，其中34个项目列入省级名录，3个项目列入国家级名录。公布县级非物质文化遗产项目传承人540人，市级项目代表性传承人199人，其中省级项目代表性传承人32人，国家级项目代表性传承人2人。四平调、木兰传说、麒麟舞已经成为商丘文化的符号象征，在国内外产生了深远的影响。

· 四平调 ·

四平调，系中国稀有的戏曲剧种之一，由豫、鲁、苏、皖四省交界地带的“花鼓”演变而成。花鼓原属说唱艺术，分东、南、西、北四路：东路称苏北花鼓，南路称砀山花鼓，西路称豫东花鼓，北路称山东花鼓。豫东花鼓以河南商丘为中心。花鼓最初为一人腰挎小鼓单唱或二人分扮男女（男挎花鼓、击节打花，女顶绣球、足踩高跷）对唱。豫东地区是方圆数百里知名的“戏窝”，是豫剧传统流派豫东调与河南坠子的发源地。四平调则是继清光绪年间的豫东花鼓艺人申怀德之后，经几代人的艰苦努力创造而成的。

四平调之演出剧目异常丰富。可分为原花鼓剧目、移植剧目、自编剧目和现代剧目四类：原花鼓剧目有《陈三两爬堂》《聚魁山》《小包公》等100余部；移植剧目有《哑女告状》《梅香》《生死牌》等50余出；自编剧目有《小包公》《斩天子》；现代剧目有《白毛女》《血泪仇》《三里湾》《焦裕禄》《扒瓜园》等30余出。其中十余部被录制成音像制品，广为发行。其中，《陈三两爬堂》《小包公》《哑女告状》《三里湾》和《扒瓜园》可谓最具轰动效应的代表剧目。

商丘四平调剧团表演艺术家邹爱琴，

四平调演出

以浑厚、奔放、纯朴、流畅的演唱风格，成为四平调女演员的一面旗帜。王汉臣以其苍劲、雄浑、刚柔相济的演唱技巧和独特的创造才能而成为四平调男演员的一代楷模。拜金荣又以高亢、明亮、豪放、跳跃的演唱风格成为女生净行的学习榜样。山东金乡的刘玉芝演唱技巧别具一格，清脆、细腻、玲珑、圆润。山东成武的王凤云演唱风格独树一帜，明快跳荡、华丽清新。另有商丘演员韩世臣用真声吐字、假声行腔的演唱特色为小生唱腔另辟蹊径。可谓精彩纷呈，各领风骚，为后代留下了宝贵的艺术财富。

2006年5月，四平调被列入第一批国家级非物质文化遗产名录。

• 木兰传说 •

木兰本姓魏，商丘市虞城县营郭镇人。当时北方边境烽烟四起，皇帝下令征兵北伐。按照当时的征兵制度，木兰的父亲也要从军。但木兰的父亲年岁已大，并且染病在身，根本就不能上战场杀敌。在这种情况下，木兰毅然脱下女儿装，换上戎装，代父从军。

木兰跨马从军像

战争一直持续了12年，由于木兰作战勇猛，兵法娴熟，在军中屡立战功，脱颖而出的她渐渐从一名普通士兵跃居为一名将军。战争结束了，大军凯旋。皇帝论功行赏，封木兰为尚书郎。但是，心中始终惦念着父母的木兰向皇帝请辞返回了故乡。

回到家中后，木兰脱下战袍，穿起了女装。当她再次出门见一同回来的军中伙伴时，大家都惊呆了。同行12年，竟然没人知道木兰是个女的！于是，木兰从军的故事就一传十、一传百，在民间流传开来。

现在，在虞城县营郭镇木兰祠里，有木兰雕像及元代、清代两通有关木兰生平记载的古碑，这些遗物以无可辩驳的事实证明着这位女英雄的传奇人生。

人们盛赞木兰的英勇事迹，用民歌形式传颂，后经人加工润色，形成《木兰诗》流传至今。诗中塑造的机智勇敢的木兰成为中国家喻户晓的艺术形象，成为“巾帼英雄”的代名词。从《木兰诗》开始，花木兰的故事一直是中国文学、绘画、戏曲和民间传说的重要题材。

2008年6月，花木兰传说被列入第二批国家级非物质文化遗产名录。

麒麟舞

麒麟舞发源于河南省睢县蓼堤镇大刘寨村。

麒麟舞的鼻祖是冯玮。南明灭亡时，他把麒麟舞从宫廷带到民间，距今已有300多年的历史。麒麟舞在发展过程中，吸取传统文化的精髓，融合了大量的武术动作，大胆创新，集舞蹈与武术于一体。

据78岁的麒麟舞第十四代传人冯敏义讲：“听祖辈人讲，明朝末年，有个老爷叫冯玮，在皇宫里头专管娱乐活动。明朝灭亡的时候，他回到故乡，带回来一对麒麟（麒麟舞道具）。本来是专教俺冯家爷们儿玩耍取乐的，后来周围的街坊邻居都想观看，慢慢地就对外玩起来了，至今已传十五世。”

麒麟舞在数百年的发展过程中，内容不断丰富，形式不断革新。麒麟舞最初仅限于平地表演，至清末民初，随着当地武术水平的提高，麒麟舞十二世传人冯永汉、徐廷瑞、韩克顺等，开始增设并逐步完善了桌上表演。

麒麟舞的基本内容包括三段表演程式：一是盘门；二是平地表演；三是桌上表演。明末清初，大刘寨村西有一座火神庙，村民组成火神会，定期祭祀、朝拜，祈求火神爷保佑全家平安、人寿年丰。麒麟舞在大刘寨兴起后，一切活动经费全由火神会支付，并把麒麟奉若神明，平时藏“麒麟”于火神庙中，作为火神爷的坐骑。每逢正月初七（火神爷生日），会徒（包括麒麟舞演员）焚香、烧纸、叩头、礼拜，尊请“麒麟”下驾，开始舞玩。

"麒麟"下驾后，二人手执"明棍"从庙内蹿出，开始盘门表演。"明棍"长五尺，两端点燃火香，舞动时呼呼生风，火光四射，上下翻腾，似流星追逐，如光环套叠。随着明棍翻飞，场子渐渐打开，然后以"盆炮"（盆内围放数十只爆竹，中间放有轰药，可同时把爆竹点响）为令，二人持内燃蜡烛的绣球引麒麟出庙。玩耍一阵，离开庙门，进入预定场地。此段礼仪表演，全在庙门外举行，故曰"盘门"。

麒麟入场后，开始平地表演，以两只绣球逗引两只"麒麟"做出各种优美、豪放的动作。平地表演过后，开始桌上表演，动作惊险，把本舞推向高潮。此舞在表演上多采用武术中的动作，所以要求演员必须有扎实的武术功底。最受群众欢迎的动作有蹿桌过桥、猫调尾、登山望月等。直至农历二月二，众人敲锣打鼓，才将"麒麟"送回庙中，复请"麒麟"上驾，似同上神归位。

麒麟舞的师承关系比较特殊，以冯氏家传为主，吸收本村爱好文体活动的亲眷，组成表演团体，逐代延续。世代传授均不举行拜师收徒仪式，选拔青年演员的条件相当严格，首先要求武术功底厚实，其次要求体型、身段符合需要。每个行当（穿头、穿尾、执灯）只选2～4人，并强调所学技巧不准外传。因此，大刘寨冯氏被称作"麒麟世家"。大刘寨的麒麟舞至今还保持着宫廷舞蹈雍容华贵的风度，是研究宫廷文化、民族艺术的活标本。

2011年5月，麒麟舞被列入第三批国家级非物质文化遗产扩展项目名录。

• 火神祭祀 •

火神祭祀是人们对火神崇拜和仰慕的一种表现形式。所谓"火神"，即指阏伯。火神祭祀作为民间信仰活动，主要集中在火神台庙会期间和每月的初一、十五等。

按照传统的民俗，商丘每年都要组织两次大型的祭祀火神阏伯的活动。第一次是农历正月初七，这天是阏伯的生日；第二次是农历六月二十三日，这天是阏伯的忌日。商丘人的火神台朝台大会由原来单一的拜祭火神逐渐演变为以商贸经营和休闲娱乐为主要内容的大型民间活动。特别

火神祭祀场面

是每年农历春节的古庙会，从每年的正月初一到二月初二，为期一月。正月初七是阏伯的生日，这天，豫、鲁、苏、皖等周边各省的人民群众前来朝拜火神阏伯，久而久之便形成了规模庞大的古庙会。

在庙会上也产生了许多颇具地方特色的庙会文化，如：阏伯台前香炉里的香灰烧出来的鸡蛋据说可以治病；通过捏面人、吹糖人、各种草编等制作出的阏伯神像，栩栩如生，传说供奉在家中可保全家平安、五谷丰登等。

2007年2月，火神祭祀被列入第一批河南省省级非物质文化遗产名录。

二夹弦

二夹弦又叫两夹弦，因其表演时主要是用四根弦夹两束马尾的四胡进行伴奏而得名。二夹弦唱腔柔美，板式多变，拖腔清淳流畅，是一种结合了板腔体与联曲体的地方剧种。它与号称“一勾勾”的剧种相近，都是在“花鼓丁香”的基础上发展而成的。

二夹弦剧种的形成，距今约有300余年的历史。流行于豫、鲁、苏、皖接壤地区。在睢县已经流行100多年，深受广大群

二夹弦表演

众的欢迎和青睐。

二夹弦的演出剧目多为表现爱情、宣扬伦理道德、惩恶扬善，老百姓称其为“针线筐子戏”，意即其以反映中下层人民群众的生活为主要内容，人情味、乡土气息十分浓郁，很少涉及武戏及重大政治斗争。曲调吸取了花鼓、梆子、琴书、坠子等民间戏曲或小调的音乐元素，唱腔音乐抒情优美、缠绵婉转，特别是在演唱技巧上以本嗓吐字、假腔拖音为主要特色，即唱词中的字用本嗓咬准发出之后，用鼻音和胸腔共鸣音来拖控完成整个乐句，真假声频繁交替，清淳悦耳。

二夹弦的传统剧目至今保留的有《朱大明吊孝》《洛阳令》《王莽篡朝》等，移植剧目有《孟姜女》《何文秀私访》《张廷秀私访》等。

2007年2月，二夹弦被列入第一批河南省省级非物质文化遗产名录。

• 柘城李秀山泥塑 •

泥塑艺术是我国一种古老的民间工艺，它以泥土为原料，用手工捏制成形，或素或彩，以人物、动物为主。

在清光绪年间，李秀山的祖父李茂功18岁时就已经是闻名商丘周边地区的木雕艺人。李秀山的父亲李廷芳12岁那年，

泥人李传承人李秀山和他的儿子、儿媳

由一个叫余占田的人介绍到商丘曹庄村拜著名民间泥塑艺人曹继先为师学习泥塑工艺。

受父亲李廷芳的影响，李秀山的泥塑艺术成就颇高，大有青出于蓝而胜于蓝之势。在继承传统的基础上，李秀山大胆创新，结合民间泥塑工艺的特点和技法，使他的作品独具一格，主要工艺程序有二：一为取料，二是创意。作品夸张合理、取舍得当、匠心独运，达到了惟妙惟肖、神形兼备的程度，具有强烈的艺术感染力。

李秀山泥塑作品大多取材于豫东农村，具有典型的中原泥塑特征，所塑人物饱满质朴，线条圆润富有弹性，构图形式简练、精致，制作手法娴熟，具有浓郁的生活气息，得到了不少专家、学者的肯定和称赞。

2007年2月，柘城李秀山泥塑被列入第一批河南省省级非物质文化遗产名录。

• 大仵民间舞蹈 •

柘城县大仵乡有上古帝王炎帝朱襄氏的陵寝，被称为朱襄氏故里。相传大仵仵氏为明惠帝朱允炆之宗室，永乐三年（1405）为避难隐居于此，拆朱为仵，始称仵家村，后逢集市，称大仵集。

经过300多年的不断发展、完善，到目前为止，大仵北街民间舞蹈可分为两类七种。两类分别是不带说唱的舞蹈和带说唱的舞蹈。不带说唱的舞蹈有五种：龙舞、狮子舞、跑竹马、踩高跷和鬼会。带说唱的舞蹈有两种：小车舞和旱船舞。这七种舞蹈全部使用打击乐器伴奏。前五种舞蹈还配有螺号。

大仵民间舞蹈具有浓郁的乡土气息和明显的区域性。其道具造型夸张而不失真实，色彩绚丽而不妖艳庸俗。舞蹈动作步法随着情节内容的变化而变化，风格独特粗犷，民俗特点突出，艺术特色鲜明。

2007年2月，大仵民间舞蹈被列入第一批河南省省级非物质文化遗产名录。

庆丰花鼓舞

梁园庆丰花鼓舞流传于商丘市梁园区黄河故道一带，起源于清朝嘉庆年间。据花鼓舞传人赵明亮说，当时李庄乡侯庄村村民周凤潜家境贫寒，为谋生计，外出拜师求艺，后来在山东曹县杨双庙村学成出师后另立门户，创建了该花鼓舞团，至今已有200多年的历史。

花鼓舞演出一般都是围场而舞，四周用多面彩旗围出场地。整场舞蹈由两名跟头手开场，然后在两名翎子手的指挥串演中，通过翎子的转、甩、抛、送、引等舞蹈动作，相继完成顶花、麒麟送子、雄狮摆尾、狮子滚绣球、莲花盛开、仙女过桥、花龙摆尾等20多个舞蹈片段。其伴奏乐器为大鼓、筛锣、大锣、大镲、小锣、小镲等。

梁园花鼓舞团

花鼓舞自创立以来，受本地区的社会历史生活、风俗习惯、文化传统、自然环境和豫东人倔强、敦厚、善良性格的影响，形成了自己的艺术特征。

庆丰花鼓舞是在农耕社会基础上产生的一种民间舞蹈艺术，它承载着当地劳动人民在生产和生活中喜怒哀乐的情感，对于研究当地社会的民俗风情具有重要的参考价值。

2009年6月，庆丰花鼓舞被列入第二批河南省省级非物质文化遗产名录。

• 永城大铙 •

大铙，这种稀有的曲艺形式，产生于永城，具有浓郁的地方特色。大铙以大铙（即大镲）作为伴奏乐器而得名，它的形状与荷叶相似，故而又被称为荷叶吊板，别名落子。

大铙使用的主要道具为铙和吊板。大铙的演唱形式起初为双股件，一人在后场打板说白，一人在前场执铙演唱。大铙声腔洪亮高亢，吐字清晰，说唱结合，通俗易懂。它的音乐唱腔属板腔体结构形式，唱腔旋律起伏跌宕。其板式是根据故事情节而区分的，由慢板、中板、快板、垛板组成。另外也有特定句式格律和唱法的三字崩、五字嵌合寒韵、韵白腔等，均为四分之一的拍节，既能顶板起、顶板落，又能闪板起、闪板落，腔体自由，声腔韵调变化无常，自由自便任意发挥，在唱法中属于武唱，曲书目主要靠口头传授。

2009年6月，永城大铙被列入第二批河南省省级非物质文化遗产名录。

• 豫东琴书 •

豫东琴书是发源于河南商丘的一种地方曲种。它广泛流传于商丘、周口一带。据考证，豫东琴书在豫东地区流传有100余年的历史。豫东琴书的伴奏乐器有扬琴、软弓京胡、二胡、坠胡、挎板等。演唱时二至五人不等，主演敲扬琴、打挎板，兼指挥伴奏，其他演员有边演唱边伴奏的，也有只伴奏不演唱的。其演出形式为：主唱演员以左手敲击扬琴、右手操挎板站在中间演唱，其他人员各持乐器，分坐在两侧，或者唱，或者伴奏。表演时以唱为主、以说为辅。其演唱要求吐字清晰、举止端庄、正襟端坐、目不斜视。演唱小段时以唱为主，带少许对话夹白；其演唱书目有传统长篇大书，也有中篇书目或短篇书目。

2009年6月，豫东琴书被列入第二批河南省省级非物质文化遗产名录。

• 张弓酒传统酿制技艺 •

张弓酒酿造历史悠久。从宁陵丁堌堆遗址发掘出的陶片、酒器可以看出，张弓酿酒的历史可追溯到4000年前的龙山文化时期。后经汉、明、清等时代更迭，张弓酿酒由过去的浊醪（发酵酒）逐渐演变为烧酒（蒸馏酒）。

宁陵县自古就盛产谷、黍、蜀黍等适于酿酒的农作物，张弓镇（旧称张弓集）自古以来既为水陆两栖码头，又是豫东著名的货物集散地。张弓酒酿造区域主要分布在宁陵县张弓镇周围50千米内。由于气候、工艺、用料等方面的不同，张弓酒的浓香风味与其他浓香型白酒有着质的区别。

张弓酒传统工艺的传承和提高具有较大的历史价值、社会价值、科学价值和经济价值。

2009年6月，张弓酒传统酿制技艺被列入第二批河南省省级非物质文化遗产名录。

• 大鼓书 •

大鼓书发源于柘城县陈青集镇汪庄村，距今已有370年的历史。相传在1640年，有一位朱姓官绅偶然间引进这一民间艺术，由本村一位叫李国昌的青年传承下来，逐步演化为大鼓书。李久义先生为大鼓书第八代传承人。

大鼓书唱腔独特、节奏感强、地方特色浓郁，是豫东一带广大听众所喜闻乐见的曲艺表演形式之一。大鼓书的表演形式一般有两种，即演唱和道白。大鼓书演唱书目一般是长篇传统大书，但也有短篇书目等。传统书目有《大红袍》《小红袍》

《三侠剑》等。现代书目有《烈火金刚》《上海风云》《林海雪原》等。

大鼓书经过长期的发展和完善，逐步成为一种独具特色的民间艺术，文化内涵非常丰富。2009年6月，大鼓书被列入第二批河南省省级非物质文化遗产名录。

大鼓书表演道具

• 花鼓戏 •

花鼓戏是流行于虞城乡间的一个剧种，是一种含有舞蹈的说唱艺术形式。

花鼓戏脱胎于民间歌曲、民间舞蹈和民间小调。其传统曲（书）目有《烟花记》《花庭会》《摆碟子》等，中华人民共和国成立后出现了《互助合作好》《挑对象》等反映现实生活的曲目。

花鼓戏以唱为主，符合中国诗歌的平仄规律，唱起来字正腔圆，吐字清晰，唱词多运用比喻、拟人等手法。具有通俗易懂、诙谐有趣、豫东口语化的质朴风格。拖腔上灵活地使用衬词也是花鼓戏的特色之一，衬词主要有句尾的“咿”或“呀”等。道白口语化，适当运用梆子或锣。

2009年6月，花鼓戏被列入第二批河南省省级非物质文化遗产名录。

• 大有丰酱菜腌制技艺 •

商丘大有丰酱园始创于清顺治八年（1651），距今已有360多年的历史。

大有丰酱菜有酱油、食醋、酱腌菜、豆腐乳、酱类5个系列80个品种。大有丰酱曲醅菜传统技艺不同于其他的酱菜制作工艺，其特点是用干酱醅渍，酱与菜同时生产。酱曲吸收菜坯中的食盐和水分，通过微发酵，菜坯又充分吸收酱醪中的各种营养成分，互相渗透，互相作用。经过一定时期的发酵和互补，菜和酱同时成熟，既获得酱香浓郁的优质酱菜，又通过微发酵制成鲜香味美的稀甜酱。酱曲醅菜不仅使菜体色泽鲜艳、晶莹剔透，而且保质期长，风味也优于同类产品。主要产品有白糖豆腐乳、五香大头菜、辣油酱豆、酱瓜、酱笋、八宝菜等。

2011年12月，大有丰酱菜腌制技艺被列入第三批河南省省级非物质文化遗产名录。

• 三园斋味合酱菜腌制技艺 •

三园斋味合酱菜腌制技艺为柘城县城关镇苏家的祖传手艺。

三园斋味合酱菜制作技艺复杂，包括豆腐乳（酥制培乳）的制作技艺和组合酱菜的制作技艺。

豆腐乳的制作流程为：浸豆→磨浆→煮浆→点浆→压榨→划坯→上笼→接种→培养→淹坯→装缸→发酵→分装→杀菌→冷却→包装→入库。也可分为两部分：一是做豆腐，二是腌制腐乳。腐乳、酱菜所用的工具为石磨、压榨机、制坯板、发酵笼、腌缸、制曲用的笺子等。

组合酱菜制作流程：鲜瓜→减坯→脱盐→酱曲→酱渍→成品→分装→杀菌→冷却→入库。

柘城三园斋味合酱菜在传统工艺基础上进行科学的配料和深加工，加入党参、桂圆、黄芪、枸杞等。尤其近年以来，又创造了“明缸腌制法”，简化了生产工艺，缩短了培制周期，使酥制培乳的味道更加咸甜可口。

2011年12月，三园斋味合酱菜腌制技艺被列入第三批河南省省级非物质文化遗产名录。

三园斋味合酱菜品种

• 目连戏 •

目连戏是发源于河南而又长期流传于河南的古老剧种，为专演《目连救母》而命名，是中国戏曲史上第一个有证可考的剧目，因此被视为戏曲的鼻祖。在清代，豫东梆子戏兴起，繁衍了许多目连救母故事的剧目，从民国至今，绵绵不绝、丰富多彩。

商丘目连戏在1998年戏曲普查时戏曲志编辑部录有《会仙济贫》《目连僧出家》《观音点化》等单折，后来又发现民国时期的曲艺本《目连三世救母》，把这些单折加以编排可以清楚地看到一个完整的目连救母故事。

商丘目连戏的唱词主要来自佛经和佛教的教理教义。音乐主调是梆子腔，有飞板、栽板、慢板、流水板、二八板、哭滚等板类，又杂以太平年、花鼓、拉魂腔等多种民间曲调，在音乐伴奏中有五马、二凡、朝阳歌等昆曲、南北曲曲牌。化装除众多脸谱之外，刘甲的造型甚为奇特，头部用棉絮粘成白团，光背、短裤、赤脚，这种造型为商丘目连戏所独有。唱词通俗易懂，但多用方言、俚语。

商丘目连戏集戏曲、舞蹈、杂技、武术于一身，有锯解、磨研、吞火特技和金钩挂玉瓶、玩水蛇、挖四门等舞蹈动作，及金刚拳、武松采花拳、五龙出动拳等诸多拳路，服装、道具、化妆、表演均有独

目连戏演出

特之处。

2011年12月，目连戏被列入第三批河南省省级非物质文化遗产名录。

• 柳琴戏 •

柳琴戏是豫东地区的稀有剧种之一，起源大约在清乾隆年间，已有近300年的历史。柳琴戏初期的说唱形式以民歌、小调为基础，清咸丰、同治年间，出现了简单的演出班子，主要伴奏乐器是形状像柳叶的柳琴，故而得名柳琴戏。柳琴戏的音乐唱腔非常别致，地方特色尤为鲜明。“怡心调”是其最大特点。此外，在唱腔的落音处，女腔常用小嗓子翻高八度，男腔加入衬词拖后腔，也是其独特风格。

柳琴，俗称“土琵琶”，是民间艺人经过长期的摸索和实践而创造出来的一种弹拨乐器，它非常适合柳琴戏的唱腔和演唱特点，音色浑厚、圆润、清晰、均匀、穿透力极强，其伴奏技巧多用捧、送、闪、托、衬等手法。柳琴戏演出所用到的打击乐器主要有四大件：即板鼓、大锣、小锣、铙，并配有缸鼓、堂鼓等其他乐器。

柳琴戏的传承是非家族性的，在永城地区的传承中，各地班社众多，学艺的也甚多，有的为了养家糊口，有的为了自娱自乐，在豫东地区最早传授柳琴戏的艺人是唐怀忠和孙化贤。较为出名的传承人主

新版柳琴戏《梁祝》演出剧照

要有况素真、孙洪波、王素真、何玉坤等人。

2011年12月，柳琴戏被列入第三批河南省省级非物质文化遗产名录。

清音

清音，又名“曲子经”，有些地方也称“打扬琴”，是由传统的琴书艺术演变而来。清音的分布以豫东、苏、鲁、皖交界地区为主，东至苏北徐州、沛县、丰县，西至开封、郑州、洛阳一带，南至皖北阜阳，北至山东曲阜、枣庄，皆有清音流传。

清音带有鲜明的豫东特色，女腔婉转花俏，男腔豪放朴实。唱腔并没有什么固定的规律，男女同调，张口就唱，腔随心动，唱词多，道白少，内容通俗易懂，贴近生活，乡土气息浓厚。就如唱词中所说“张口唱的口头语，字字句句泥土香”，最适宜演唱长篇曲书目。

清音的演出曲目，大都是从琴书原有的大部书的基础上传承下来的，同时也有一些移植于其他曲种的曲书目，传统曲目中的长篇曲目有《张廷秀私访》《金杯玉簪记》《回龙传》等，短篇曲目有《王林休妻》《马前泼水》《洞宾戏牡丹》等；现代曲目有《老公安》《红雁桥》《计划生育好》等。

2011年12月，清音被列入第三批河南省省级非物质文化遗产名录。

张氏喉科

柘城县慈圣镇塔坡村中医张氏喉科，其治疗方法主要是使用中医濒临失传的“珍珠散”加“破皮针法”。该治疗方法于清代咸丰年间在张家安家落户，以家族式传承，至今已有150多年的历史。

张氏喉科治疗药具

张氏喉科起源于慈圣镇塔坡村张氏

第二十四世祖张世海。长期以来，张氏喉科借鉴历代医典中的“苦酒汤”“吹药法”“破皮针法”等治疗方法，以散面药物治疗为主，内服汤剂为辅，再辅以破针法，疗效十分独特。

张氏喉科以“四诊汤”辨证施治，经典方有：四君子汤、四物汤、八珍汤、龙胆泻肝汤、代者旋复汤、银翘散、二陈汤、养阻清肺汤。这些方剂用法是煎服。此外还有部分散方剂，常用的有小儿吹珍珠散面药，用于咽喉肿痛。主治单腭、双腭、婴儿咽喉肿痛等。

2011年12月，口腔咽喉疾病疗法张氏喉科被列入第三批河南省省级非物质文化遗产名录。

张八卦中医外科

张八卦中医外科是张八卦村李家延续七代的家传秘方，起源于清雍正十年（1732），由张八卦中医外科的第一代创始人李先保在长期的医疗实践中自创的一项用中医治疗外科（皮肤疾病）的独门绝技，长期流传于河南、山东、安徽等省的许多地方。

张八卦中医外科已有200多年的历史，共经历了7代传人，在漫长的发展历程中，经历代传人的临床实践和完善，已形成了一整套根治外科疾病的中医组方，基本上都能达到药到病除的疗效。第七代传人李坤恒，自幼随父李在其学医，30多年来，用自家的家传秘方为群众消灾除病，使数千名外科病患者摆脱恶疾的折磨，受到当地群众的高度赞誉。主要治疗器械有药碾子、冲锤、冲筒、三棱锥等。

2011年12月，张八卦中医外科被列入第三批河南省省级非物质文化遗产名录。

肘歌

肘歌，被称为“民间舞蹈活化石”。角色的服装、脸谱、道具全部仿借戏曲，是表现戏曲内容的舞蹈艺术。这种稀有的传统民间舞蹈艺术起源于北宋，成熟于明清，历经1000余年。

肘歌表演时分为“上枝”和“下枝”

两部分。“下枝”演员身上系一套完整、牢固的铁装，即俗称的“铁坎肩”，它是“下枝”演员的一个主要道具。“上枝”演员一般不超过6岁，主要是考虑负重。“上枝”演员表演时看上去是站着的，实际上是坐在一个托架上，“上枝”演员加上铁坎肩，重约20千克。

肘歌吸收了戏剧方面的元素。因为只有舞蹈，没有唱腔，观众只能依靠脸谱或者服装区别艺人所扮演的角色，一个下枝演员和被其支撑的上枝演员即可塑造一个独立的故事形象，让人一看便知这是穆桂英下山，那是三打白骨精。

肘歌经过千年的发展与传承，已成为民俗文化的经典，被誉为“空中芭蕾”“无言的戏剧”。

2011年12月，肘歌被列入第三批河南省省级非物质文化遗产名录。

• 刘腾龙毛笔制作技艺 •

刘腾龙笔庄，是豫东唯一一家毛笔制作老字号。自清咸丰八年（1858）起，刘氏制笔第62代传人刘腾龙移居宁陵开设笔庄，迄今已有160多年的历史。

刘腾龙毛笔用料在特定区域内选购，如江浙一带的山羊毛、东北三省的辽尾（黄鼠狼尾毛）、东南福建的石獾针毛、云贵两省的紫尖（野兔脊背的颖毫）、山东（青岛）的猪鬃等。

刘腾龙毛笔在制作工艺上相当讲究，

刘腾龙毛笔制作工艺的捆笔工序

从选毛到成品需要八十二道工序，制笔工艺全凭手工精心制作。每一道工序环环相扣，步步跟进。前一道工序不合格，下一道工序就不易进行。其他行业可以计件取酬，可刘氏毛笔制作行业至今仍以计时取酬。

刘腾龙毛笔笔锋锐利、饱满圆润、吸墨性强、使用起来柔而不软、婉转流畅、富有弹性；具有“尖、圆、齐、健”四大特点；毛头收拢，锋颖锐利，犹如锥状；润笔可粗可细，笔尖收纵运转，笔毫劲健自立；着案起落弹性适度、宜书宜画，经久耐用；其笔杆檀木古朴，象牙端凝，陶瓷典雅，玻璃晶莹，被历代文人墨客视为文房上等佳品。

2011年12月，刘腾龙毛笔传统制作技艺被列入第三批河南省省级非物质文化遗产名录。

伊尹传说

伊尹名挚，又名阿衡，保衡为官职，夏末商初人，生卒年月不详。

伊尹是当时著名的思想家、政治家、军事家。他比伟大的思想家孔子还早1000多年，因此在历史上也被称为元圣人。他还是烹饪界祖师和中草药汤液的创始人。

伊尹是我国第一位奴隶出身的宰相。商王朝的开国元勋，辅佐商汤推翻夏桀的暴政，建立了商朝。商汤死后，又历佐外丙、仲壬、太甲、沃丁，理政安民50多年，为商王朝延续600年的统治奠定了坚实的基础。伊尹当政期间，主持规划建造了偃师商城、郑州商城等商的都城，规划统一了甲骨文，发展了中医理论。

伊尹祠位于河南省虞城县店集乡魏堌堆村，占地面积4000平方米。现存三座大殿，分别是伊尹殿、圣母冼姑殿和伊尹夫人殿。伊尹葬于此地。伊尹墓高3米，周长46米。周围有石砌墙，高2米。坟前墓碑为清同治年间所立，长方形，高2.05米，宽0.48米，厚0.18米，篆字题写“商元圣墓”。墓园周围有唐植古柏200余株，苍劲挺拔，郁郁葱葱，最大株3人才能合抱。这些生长千余年的古柏，因其形而异，为世人留下了不少美丽动人的传说，有历史典故、爱情传说、神话故事，个个引人入胜。如雌雄二柏、罗汉柏、五龙柏、鸟柏、母子柏、闯王刀砍柏和柏抱槐等传说。

2011年12月，伊尹传说被列入第三批河南省省级非物质文化遗产名录。

渔鼓道情

渔鼓道情，又称道筒、竹琴，是比较具有代表性的一个曲艺品种。

渔鼓道情的演唱基本方式有三种：一是只有唱，二是有说有唱，三是说、唱、表演结合，多以四句小结结束全篇唱文。

渔鼓道情演唱书目丰富，传统节目选录有《隋唐演义》《薛仁贵征东》《樊梨花征西》《赶黑驴》《打蛮船》等。

赵平，渔鼓道情第五代传承人，1953年出生于夏邑县胡桥乡赵楼村。1966—1971年拜李立信（外号“盖三省李疤瘌”）为师，学习渔鼓道情。他的演唱技艺先后吸纳了多个艺术门类的长处，并形成了自己独特的风格。他在唱和韵白中，音随字走，腔随情变，运用声音的高低缓急变化，淋漓尽致地描摹曲目中各种人物的音容笑貌，表达喜怒哀乐等情感，表现激昂慷慨、悲壮高亢。还借助鼓与拍的轻重缓急来烘托跌宕多变的气氛，令听众恍若身临其境，深受感染。他的韵白吐字清晰，声调抑扬，语气顿挫，表情丰富。他的唱腔高亢明快、淳厚质朴、韵律悠扬、节奏优美，慢如行云流水，快如疾风落叶。

2011年12月，渔鼓道情被列入第三批河南省省级非物质文化遗产名录。

民间剪纸

民间剪纸是一种祈愿祈福的语言，一种承接着祖先生命信息、祝祷着今天的符图。夏邑县的民间剪纸代表性传承人为胡明，其作品的形象来源于生活中的种种事

胡明剪纸作品

物，风格纯朴、手法简洁、造型随意、色彩单纯、富有装饰性和观赏性。充分表达了作者丰富的情感和想象力，反映了对美好生活的向往和追求。

在外祖父唐紫电、母亲唐耐成的熏陶下，胡明通过长期的学习和钻研，在雕刻、剪纸艺术上具有很深的造诣，继承了唐派剪纸的风格。她的作品题材广泛，趣味独特，形象逼真，反映了新时代的气息。她的剪纸技法娴熟，线条疏密得当，生机盎然，轻捷流畅的曲线和粗犷奔放的线条，都能在画面上取得和谐与统一，形成自己独特的剪纸艺术风格。她的剪纸阴花和阳花能同时剪出，分别成为一幅独立完整的画面，二者相互吻合，相互连接。这保留了民间传统的剪纸技法。

2011年12月，夏邑县民间剪纸被列入第三批河南省省级非物质文化遗产名录。

• 史家中医药组方 •

史家中医药组方是商丘市睢阳区新城办事处史家延续四代的家传秘方。创始人史先烈（1840—1928），祖籍河南淇县，自幼喜爱医学，年轻时自立门户应诊，因乐善好施、救困济贫而名扬乡里。史先烈先生熟读医书，博采众家之长，结合家传秘方，创制口溃灵、烧烫伤速宁等组方。

史氏医药组方首先以天然、无公害

中药材配伍，使用独特精湛的传统加工工艺，确保功效；其次注重药物配伍的主从关系，通过有机组合成方，其目的是增强综合药物的作用，提高原有疗效；再次是随症合药，全面兼顾，以扩大治疗范围，适应病情需要，消除对人体不利的因素，达到治愈目的。针对性强，组织严谨，方义明确，重点突出，多而不杂，少而精要。治疗费用低廉，周期短，治愈率高。

2016年6月，史家中医药组方被列入第四批河南省省级非物质文化遗产名录。

忠义门拳

忠义门拳是宁陵回族融合了红拳、查拳、炮拳所独创的一门拳术，自明末传承至今，已有300多年的历史。宁陵回族武馆是传承发展忠义门拳的武术基地，数百年来，培养了一代又一代的武术精英，宁陵县东关、东街回族群众武风盛行，习练者众多，代有高手辈出，在全县及周边地区有较大影响。

忠义门拳架势端正，姿势优美，身步灵活，节奏明快，招法巧妙，劲道外柔内刚，劲力以脆快为主，兼有长劲、柔劲，突出一个“巧”字。在套路的结构上讲究大开大合，开合相间，时起时伏，起伏明显；演练时讲究手到眼到，神形兼备，内外合一，走如风、站如钉、动如涛、静如岳，快速有力，节奏分明，干净利落、潇洒舒展；技击上讲究先发制人，蹿蹦跳跃，闪展腾挪，“勾搂粘挂打，闪截扒卦托”，“手是两扇门，全凭脚打人”，既讲究“一力降十会”，又讲究“四两拨千斤”。

忠义门拳的技击内容主要有徒手搏击、踢打摔解和各种器械的攻防技巧。现常用的功法有硬气功、盘功、抓功和铁指功。套路有50套，其中拳术7套、器械16套、对练27套。

2016年6月，忠义门拳被列入第四批河南省省级非物质文化遗产名录。

宁陵大搬亲

"宁陵大搬亲"是宁陵县南部一种世代相传的婚礼形式，分布于华堡乡、张弓镇、黄岗乡3个乡镇，距今有1000多年的历史。是当地农村婚礼习俗中礼数最重的一项。

2016年6月，大搬亲被列入第四批河南省省级非物质文化遗产名录。

王氏木雕

河南省夏邑县车站镇杨营村的王氏手工木雕技艺，始创于清光绪年间的王光天先生。王光天一生从事木雕工艺，此后该技艺在王家代代相传。作品主要应用于寺院和家庭装饰，题材多是戏剧人物、传奇故事、民间传说及花、鸟、鱼、虫等。王氏木雕选料讲究，多采用硬料，如檀木、红木、花梨木、黄杨木、国槐、红榉木、酸梓木、枣木、鸡翅木等较高密度的木材。所选料坯采用人工干燥法，将木材置于干燥室内进行烘干，借助高温促使木材中的水分蒸发。干燥时根据木材的体积、薄厚、湿度来决定干燥时间的长短。

王氏木雕一般要经过六道工序，分别

王氏木雕作品《九龙戏珠》

王氏木雕作品《八仙过海》

是：画创意稿、凿粗坯、修光、打磨、着色、烤蜡。

王氏木雕主要刀具有平刀、斜刀、三角刀、印刀、和尚头刀等几十种。辅助工具有敲锤、木锉、斧子、锯等。

王氏木雕作品玲珑剔透，形象逼真、古朴典雅、线条流畅，题材多用于生活，具有豫东地域文化特色。王氏木雕代表作品有《龙凤呈祥》《八仙过海》《九龙戏珠》等。

2016年6月，王氏木雕被列入第四批河南省省级非物质文化遗产名录。

王氏坠胡制作技艺

王氏坠胡制作技艺始创于司俊品先生。司俊品生活在清光绪年间，一生从事三弦、坠胡制作，所做的乐器音色纯正、用料考究、装饰精美，深受行内人士赞叹。

王氏坠胡制作技艺，最早来源于三弦的制作技艺。当时在河南、山东等地流传一些如“莺歌柳”“三弦铰子书”等曲艺形式，伴奏乐器为小三弦。后来，为了提高坠胡的音区，完善音色，王氏艺人又对坠胡的发音箱进行了改造。根据琴筒的不同，分为曲胡和坠胡。

王氏坠胡制作工序：制作琴杆→制作琴筒→蒙皮→挂弦调音→做琴弓→制作琴把→制作琴头→组装。

王氏坠胡制作技艺所需的工具有蜈蚣刨子、磨床、钢锉、砂纸、钢钻、钢锯、凿子等。

王氏坠胡取材考究、工艺精良、音色纯正、装饰精美。制作技艺秉承传统工艺，自成一家。

2015年12月，王氏坠胡（坠琴）制作技艺被列入第四批河南省省级非物质文化遗产名录。

河南坠子

河南坠子形成以后，在河南各地广泛流传，受地域语言、风土人情等人文环境的影响，便有了声腔流派的分化，形成了以商丘为中心的东路坠子，以开封、郑州

豫东坠子伴奏乐器

为中心的西路坠子，亦称中路坠子；以新乡、安阳为中心的北路坠子。河南坠子是商丘市民间曲艺的主要曲种之一，演唱者手持简板作为击节，伴奏者拉坠胡，形式一般是一拉一唱。

东路坠子在长期的流传过程中，积累创作了大量独具特色的中、长、短篇书目200余部。如《回龙传》《罗通扫北》《罗红征南》《秦英征西》等。

东路坠子有“文派”和“武派”两种不同的唱法。文派唱腔柔美挺秀、优美动听，唱、白兼用，善于抒情。武派唱腔俏丽、乖巧、长于抒情。伴奏乐器主要有坠胡、简板、矮脚书鼓、醒木、竹板等。伴奏音乐包括曲牌、拖腔、过门三个部分。

东路坠子在表演上，讲究演员自身形象的完美，强调声似。采用不同音调、不同音色来刻画在特殊情境下的不同人物。突出形似，演员在场上要放下架子去模仿剧中人物的各种动作。同时演员是以说书人的身份表达书中人物的，既要模拟得像人物，又要保持说书人自身的完美形象，坠子演员的双重或多重形象在观众心目中是并存的，这是与戏剧表演的不同之处。

2016年6月，河南坠子被列入第四批河南省省级非物质文化遗产名录。

竹马舞

竹马舞又称跑竹马，或为竹马灯会，是一种集娱乐和健身为一体的舞蹈。它的演技独特，规模宏大，节目花样多，深受当地及周边群众的欢迎。曾广泛流传于商丘各县（市）、区，唯有民权的竹马舞最具代表性。已有近300年的历史。

竹马骨架为竹制，外面有不同颜色的布料，有的还刷一层桐油，马颈部至头部置一竹竿，表演者用手握住竹竿，可将马头上下左右抖动如骑真马。马身中空，人能站在其中，表演时棋手可将马的前身后身拴在腰间。

竹马舞的风格特点别具一格，与其他地区的竹马有所不同。夜间表演时，其周围挂有15盏不同形式的明灯（拐子灯、高挑灯、大小纱灯），在打击乐和吹奏乐紧密配合下进行表演。它的基本动作要求各角色场是身体下沉，直立，平稳，双腿微曲，八字步站立。基本步伐为碎步、蹦横步、蹦跳步，按上述动作和步伐跑各种形式的阵式，一阵接一阵，一环套一环，阵阵相连，环环相扣，灵活巧妙，天衣无缝，浑然一体，使观众看得眼花缭乱，热闹非凡。在高亢、嘹亮的吹打乐伴奏下，竹马舞更加增色，令人心情更加欢乐、热烈。它曾多次被邀演出，每到一处都受到广大群众的好评和欢迎。

竹马舞伴奏音乐，主要是由唢呐吹奏一些古老曲牌和一班打击乐器，配合速度，烘托气氛，振奋精神。乐器有：大小唢呐、牛皮大鼓、大锣、二锣、大铙、小铙、大镲、小镲。

竹马舞在民权县北关镇南北庄代代相传，至今已经历了 7 代，100 多年的师徒传承，动作日渐完善，并不断改革创新，由原来的单一跑竹马又增加了旱船、二鬼摔跤、大头和尚戏柳翠、推彩车和走元城等幽默滑稽的节目，演出时间由原来 2 小时增加到 5 小时左右。

2016 年 6 月，竹马舞被列入第四批河南省省级非物质文化遗产名录。

城市名片

——一座城市的荣耀

商丘是一座充满荣耀的城，一座遍地传奇的城。它拥有多张烫金的城市名片。

华商之都

——中国商业的起源

学术界把商朝建立之前的历史称为先商时期，把商朝的建立者商汤之前的先辈称为商先公。从出土的甲骨文中可以得知，商先公中，比较受后代重视的有王亥和他的儿子上甲微。王亥的地位远远高于上甲微。王亥是卜辞所记“祭祀最隆重者”。甲骨文中祭王亥的卜辞，以武丁、武乙、文丁时为多。武丁卜辞中有多片“王亥祟我”的记载。祟，神威之意。“王亥祟我”，意思是说王亥在商朝人心中具有极大的神威。商朝人祭祀王亥所用的牺牲，有时多达50头牛，有时甚至用祭天的礼节来祭祀王亥。

王亥是中国最早的商人，为中国商业之始祖。王亥饲养、放牧牲畜，一方面祭祀时有了牺牲（传说牺牲越丰盛，说明对天和先人越虔诚，这样就越能得到天和祖先的保佑）；另一方面可以改变人民群众的生活，提高人民的身体素质，增强抵御自然灾害和野兽侵袭的能力。王亥时，商人已能使用牛、马等畜力，生产有了较大发展。由于农业和畜牧业的发展，商部落到王亥时迅速强大起来，并向四周发展势力。由于产品有了剩余，出于发展壮大

华商文化广场内王亥雕像

部落以及换取奴隶主需要的物品的目的，王亥与四周部落进行以物易物的商业贸易活动。前1810年左右，王亥与分布在今河北中部易水一带的有易氏发生了冲突，被有易氏之君绵臣杀害。王亥之后，商人沿其传统进行商业贸易，并形成了专门从事远方贩运货物进行贸易的商贾。由于这些贸易之人来自商部落，所以被称作“商人”，他们的交易活动就是“商业”活动，而作为最早进行贸易的王亥，便成了商业始祖，即商人的先祖。

由于部落的人善于经商，实力越来越强，到商汤时终于灭了夏朝，建立了商王朝。商朝商业有了进一步的发展。随着交换商品品种的增加，为了方便交易，人们又发明了货币。商朝最初的货币是海贝，但随着当时商品经济的发展，天然贝币渐渐出现了供不应求的局面，或许天然贝币充当货币还存在一定缺陷，于是又出现了许多仿制货币，在商代晚期还出现了铜质货币，形式仿海贝形式。安阳殷墟妇好墓中曾出土许多贝币和仿制贝币，反映了商朝商业交流的情况。商朝统治者居住的城市称邑，人们交易的场所为市，最初的市和邑是分离的，后来为契合统治者的需要而把市迁到邑之内。市内还有各种各样的肆，即分门别类的店铺。《诗经·商颂·殷武》中的“商邑翼翼，四方之极。赫赫厥声，濯濯厥灵”描绘了商都繁荣的景象。

史学家郭沫若先生在《中国史稿》中写道，农业的发展促进了农业和畜牧业的分工，农业和手工业的分工也相应地扩大了。因此，商人与其他部落之间的交换是比较活跃的。冥子王亥的时候，开始利用牛作为负重的工具，在各部落间进行贸易。徐中舒、吴晗、李亚农、范文澜等著名史学家也纷纷发表论著，证实中国最原始的物品交换活动起源于居住在商丘的商族人，商丘是中国商业的发源地。

王亥死后135年，王亥的后代商汤靠着经商所兴盛起来的部族力量一举推翻了夏桀，建立了商朝。商丘作为商部落的故土，商业贸易更加繁荣。春秋之时，作为宋国都城的睢阳（今商丘市睢阳区）成为当时中国最大的商业都市之一，出现了被司马迁盛赞为“此所谓富好行其德者也”的范蠡那样的大商人。汉代的睢阳是梁国都城。梁孝王刘武时期，其商业繁华可与京师长安相媲美。唐朝时，商丘成为中国东部地区纺织业的交易中心，特别是民间所织的绢，质量和花式在全国首屈一指。

华商广场三商之门

同时，商丘的地理位置也使得它在唐代的商业贸易活动中居于重要地位，成为水陆货物的集散地和物流中心。北宋时的商丘称应天府、南京，居陪都地位，其商业繁华程度仅次于东京开封。商业之源——商丘引领着中国历史上商业发展的潮流。

2004年5月16日，商丘成功举办“中国·商丘与商业起源研讨会”，5月20日新华社为此向全国播发了一篇通稿《专家考证：中国商业源于商丘》；6月27日，中国著名学者李学勤先生到商丘考察并欣然题词“商人商业源于商丘”。全日制普通高级中学教科书思想政治（必修）一年级（上册）（人民教育出版社2003年6月第2版）第一课《商品和商品经济》中写道：“原始社会末期，在今河南商丘一带有个叫‘商’的部落，生产活动以畜牧业为主，因从事商品交换而颇有名气，所以别的部落把从事商品交换的人叫‘商人’，把交换的产品叫‘商品’”。“商人”“商品”起源于商丘被写进中学教科书是商丘历史发展的里程碑。

2006—2016年，每两年一届，商丘已成功举办6届中国·商丘国际华商（文化）节。不仅凸显了商丘历史文化，特别是商业文化，而且为文化兴市、商业兴城找到了灵魂，为古代华商文化与当代华商精神的连接找到了纽带，为商丘城市发展与竞争力的提升找到了一个文化方面的突破口。

为此，商丘兴建了华商文化广场，该广场位于商丘市睢阳区商文化景区华商大道西段路北，与商丘火文化景区中的燧皇陵景区隔平原路相望，共同形成一个完整的商文化、火文化景区。主要景观包括四部分。一是三商之门。采用3个变形的甲骨文“商”字作为基本造型，门顶雕以玄鸟，寓意为“玄鸟生商”，3个“商”字形的门相连，寓意为商族之源、商人之源、商业之源，商朝最早的建都地。二是富商大道。由广场大门穿过万商广场一直延伸到王亥雕像前，由各个历史时代的货币图案构成，寓意为富商丘、富商人。三是万商广场。位于王亥雕像的正前方，由2.01万个各种字体的“商”字图案构成，寓意为万商源于商丘，万商云集商丘。四是王亥雕像。雕像既表现了王亥的王者气概、大家风范，又表现了商人的睿智精明，人物造型动感逼真，面部表情慈祥亲和。

• 崇崇商丘 •

——中华火文化之乡

继2009年3月中国民间文艺家协会正式将“中国火文化之乡”的称号授予商丘市睢阳区后，2016年11月，睢阳区火文化再入由中宣部立项，中国文学艺术界联合会、中国民间文艺家协会实施的中国民间文艺（化）遗产抢救工程重点项目的河南省“最具魅力中国民间文艺（化）之乡”名单。

商丘是火的诞生地，是燧人氏发明钻木取火的地方，是“火神”阏伯司火的圣地。商丘自古就有“火都”“火墟”“大火之乡”的称谓，火已成为商丘的标志和象征。

位于商丘古城西侧的燧皇陵，是上古时期发明钻木取火的燧人氏的墓园。燧人氏被后人尊为“天皇”，位列“三皇”之首。其钻木所取之火是中华圣火，是文明之火，也是智慧之火，开启了中华火的文明史，也大大加快了中华民族的文明进程。

与燧皇陵毗邻的阏伯台，是中国最早的观星台遗址。宋代诗人刘颁写过这样的诗句：“天祚吉土，日惟商丘；崇崇商丘，大火主兮。”意为上天赐给君主风水宝地，商丘这个地方的太阳最好；高大尊贵的商丘，被大火主宰着。这是在礼赞阏伯。阏伯为火正，观星台也称火神台、商丘。

睢阳区委、区政府非常重视火文化的抢救、传承和弘扬。早在1987年就成立了火文化研究会，从火文化的起源、民俗、内涵、现存建筑、年代考证、历史沿革、

商丘火文化广场

民间故事传说、社会影响、专家评价以及习俗、传统等方面，开展了研究性的工作，取得了一定的成果。2006年5月，包含燧皇陵在内的宋国故城遗址被国务院批准为全国重点文物保护单位。2007年5月，燧皇陵景区的“火神祭祀”被列入河南省省级非物质文化遗产名录。历史上多次重大活动在此取火。燧皇陵前有题词“华夏文明之光”和“人类文明之火”。

今天的商丘人依然保持着对“火源”“火种”“火神”的崇拜。注重祭奠的“火神节”，规模盛大的火神台庙会，盛行不衰的“拜火仪式”，还有“赛火把”及“玩铁花”等。火文化地域上的世界性，精神上的凝聚性、激励性，已经深入商丘人的心灵，并且越来越产生巨大的震撼力量。从某种意义上说，火文化是一种内核，即精神和力量的双重魅力。

• 孔子祖籍 •

——中国长寿之乡

至圣先师孔子的祖籍在商丘。据《左传》《史记》《孔子家语》《曲阜孔府档案史料选编》《河南通志》《归德府志》《夏邑县志》等资料记载，孔子的先祖是殷商子姓王族的后裔。孔子的早期先公微子启是商王帝乙的长子、纣王的庶兄，曾为纣之卿士。微子启卒，循殷礼立其弟仲衍（一曰泄），此乃微仲。微仲是孔子的十四世先祖，到十世祖弗父何时，弗父何让位于厉公。弗父何被封为世袭上卿，食采邑于栗（今夏邑县），以后世代相守。弗父何的四代孙是孔父嘉。

孔父嘉曾任宋国大司马。后来，宋国贵族内部发生斗争，孔父嘉被太宰华父督所杀，其子木金父逃往鲁国。孔子就是木金父的后人。

1998年来，夏邑先后召开了儒商现象与现代市场经济国际学术研讨会、儒商文化研讨暨贸易洽谈会、孔氏宗亲拜谒远祖仪式以及连续4届孔祖文化节暨投资贸易洽谈会等大型活动。

1995年10月，香港孔教学院院长汤恩佳得知孔子祖籍在夏邑，来信说："为了表示对这一义举的支持，我愿赠送一座3米多高的孔子大铜像。"台湾世界儒学会会长席瑜在台湾广泛宣传孔祖文化，并专门下发文件。

"和"是孔子思想的精髓，与商丘作为华商之都倡导的"诚信"之德相得益彰。这是信义的力量，也是当今国内外经济舞台上保证交流、合作双方实现共赢的力量。

"仁"是孔子思想的又一精髓。2008年，夏邑被评为全国十大长寿之乡之一，位列第6位。2011年10月28日，夏邑县成功举办中国·夏邑首届长寿文化节，进一步开发长寿资源，弘扬长寿文化，发展长寿经济，营造长寿环境，全力打造"中国长寿之乡"品牌。作为孔子祖籍地，夏邑有着深厚的儒学文化积淀。孔子提倡"仁者不忧""仁者寿""大德必得其寿"。有平和的心态，方可淡泊名利，宠辱不惊，寝能安席，食能甘味。儒学文化的这种仁德思想在夏邑影响深远，世代传承，滋养

孔子还乡祠内的孔子雕像

着一代又一代人。在当地民间，“儿女孝顺，父母长寿”是使用频率最高的“口头语”，尊老敬亲已经成为一种时尚，一种习惯，一种荣耀。

• 庄周故里 •

——庄子的哲学

2016年11月，继2000年9月河南省政府正式公布民权县庄子故里为省文物保护单位后，民权县庄子文化再入由中宣部立项，中国文学艺术界联合会、中国民间文艺家协会实施的中国民间文艺（化）遗产抢救工程重点项目河南省“最具魅力中国民间文艺（化）之乡”名单。

庄子（约前369—前286）名周，字子休，战国时期宋国蒙（今河南商丘市东北）人，著名思想家、哲学家、文学家，是道家学派的代表人物，老子思想的继承者和发展者，先秦庄子学派的创始人。后世将他和老子并称“老庄”。

最早记载庄子籍贯的是《史记》。《史记·老子韩非列传》说：“庄子者，蒙人也，名周。”在司马迁之后，历代不少学者也大多认为庄子是宋国蒙人。

宋之蒙在今商丘睢阳区（原商丘县）北（或东北）20～25千米处。20世纪70年代初期，考古工作者曾在商丘市北18千米处的李庄乡蒙墙寺村发现有古城遗址，并出土了一批文物。

商丘市民权县顺河乡青莲寺村至今有一口保存完好的老井，传为庄子井。此井深有数丈，井壁光泽似黑玉，水清而味甘。该村南有一土冢——庄子墓，墓前有一块清乾隆年间所立石碑，上书“庄周之墓”。此外，在青莲寺村，还有庄子故居、庄子胡同等遗址。

1995年5月，中央电视台《中华文明之光》大型栏目专门在民权庄子故里摄制了《庄子》一集，通过卫星传播海内外。海内外多家电视台在民权都录制了有关庄子的专题片。侨居在新加坡、马来西亚和泰国等的庄氏宗亲，都先后组团到民权庄子故里进行多次寻根拜祖。泰国、新加坡等庄氏宗亲会还邀请民权人士两次到曼谷、新加坡，以庄氏故里代表的名义参加会议。截至目前，民权县已经举办了5届国际庄子文化节。

庄子的“天人合一”“自然无为”思想以及“节欲”和“养生”理论既体现了

民权庄子墓

对事物发展客观规律的尊重，又体现了对主观能动性的强调。《庄子》一书所蕴含的生态智慧和生存智慧正在为不同国度、不同肤色、不同民族、不同语言的人们所接受，成为当今人类解决生态困境、建设绿色家园的哲学基础。

• 汉兴之地 •

——汉民族的肇始之地

商丘永城芒砀山为“汉兴之地”。秦二世元年（前209），身为沛县亭长的刘邦押送一批刑徒到骊山修筑皇陵。到芒砀山时刑徒已逃走大半，刘邦将其余的刑徒全部放走，并说：“公等皆去，吾亦从此逝矣。”有十几个勇士不愿弃刘邦而逃，愿意跟从刘邦。当晚刘邦醉酒，夜间在小路行走，遇巨蛇挡路，刘邦乘着酒兴说：“壮士行，何畏！”拔剑怒斩白蛇，在芒砀山中率众起义，最终建立大汉王朝。芒砀山遂成为汉王朝的发源地。

芒砀山汉墓群，作为目前中国新发现的年代最早、规模最大的汉墓群，结构复杂、气势恢宏，宛如地下宫殿群，蕴藏有玉器珍宝、《四神云气图》、被誉为“东方维纳斯”的陶制侍女、目前考古发现为数不多保存较为完整的金缕玉衣、代表着西汉早期绘图艺术最高成就的画像石等，曾被评为年度“全国十大考古新发现”之一。已故的河南省文物考古研究所原所长、研究员安金槐生前曾说，西汉梁王墓与陪葬墓、陪葬坑，可称得上是一处西汉

刘邦斩蛇碑

王陵博物馆。可见，梁孝王墓及王后墓所体现的文化思想、形式格局，既是一个强盛的诸侯王国的历史见证，也是汉王朝的文化、哲学、政治意识的缩影。

二月河曾在文章《汉风浩兮芒砀山》中写道："芒砀山是不能小觑的地方，开发的、未开发的20余座汉墓，都聚集在小范围中，品相如此优良，知名度如此之高。还有刘邦兴汉的发祥地和陈胜墓等诸多胜迹，汉代的人文典型密集到如此地步，是我见到空前的一处。世人要了解汉民族，来中国而不至商丘，至商丘而不往芒砀山，对他会是一件很遗憾的事。"

其实，汉梁文化作为商丘重要的文化品牌之一，永城汉墓群只是其的一个出口，重要活动地，即政治、经济、文化中心，在商丘睢阳古城。

• 木兰之乡 •

——忠孝双全的巾帼英雄故乡

2007年11月30日，"中国木兰之乡"授牌暨木兰文化产业项目启动新闻发布会在首都北京人民大会堂隆重举行。中国民间文艺家协会正式把"中国木兰之乡"称号授予虞城，中国新农村管理委员会全面启动木兰文化系列产业项目。

2016年11月，虞城木兰文化再入由中宣部立项，中国文学艺术界联合会、中

虞城木兰公园

国民间文艺家协会实施的中国民间文艺（化）遗产抢救工程重点项目的河南省“最具魅力中国民间文艺（化）之乡”名单。

虞城县是巾帼英雄花木兰的故乡。该县保留着木兰祠等大量有关木兰的传说。唐代在此建有木兰庙，现为木兰祠，存有记载木兰身世的元、清基石碑。上海辞书出版社1981年出版的《中国名胜词典》，把“花木兰祠”作为词条列入，注明木兰故里在虞城。

2005年10月17日《人民日报·海外版》报道：为庆祝联合国成立60周年，《木兰诗篇》剧组于9月18日在美国纽约林肯艺术中心演出，整个音乐厅1096个座位，座无虚席。

新中国成立后，木兰祠被列为河南省文物保护单位。20世纪50年代，毛泽东主席用41行篇幅，手书《木兰诗》全文，成为毛泽东手书古诗词中罕见的长卷墨迹。2000年国家邮政总局发行《木兰从军》特种纪念邮票，并在商丘举行了首发式。2009年，虞城“木兰传说”被河南省政府确定为第一批省级非物质文化遗产。

目前，木兰祠为商丘市级文物保护单位、河南省爱国主义教育基地、河南省政府首批挂牌的旅游景点之一。近年来，木兰故里深入挖掘木兰文化内涵，已成功举办6届木兰文化节，以扩大木兰文化影响力，打造文化旅游品牌。

• 通达商丘 •

——商丘的新崛起

商丘，位于河南省最东部、豫鲁皖三省交界处，素有“豫东门户”之称。目前辖2个区、6个县、1个县级市和1个城乡一体化示范区，面积10 704平方千米，全市总人口921万人，常住人口730万人。

商丘，2014年被评为“最具文化底蕴历史文化名城”，它是华夏文明和中华民族的重要发祥地、中国重要古都。燧人氏在这里发明人工取火；炎帝朱襄氏、颛顼、帝喾先后建都于此。夏朝、商朝、周朝宋国、汉晋梁国、两宋等朝代均在此建都。商丘是国家历史文化名城，拥有两处世界文化遗产，享有“三商之源·华商之都”“两宋龙潜之地”之称。芒砀山被誉为“汉兴之地”。东周华夏圣人文化圈、西汉梁园文学、北宋应天文学、明清雪苑文学均诞生于此。商丘也是一座红色城市，曾是淮海战役、渡江战役两大总前委所在地。商丘古城集八卦城、水中城、城摞城三位一体。商丘拥有不可移动文物1.6万多处。

商丘被称为“豫东粮仓”，也是河南省最大的煤炭能源基地，还是淮海经济区核心区共同体城市、大京九经济协作带成员市、唯一中原经济区承接产业转移示范市。拥有国家级的商丘保税物流中心，是重要的物资集散地和商贸中心，被河南省政府确定为区域性物流中心城市。是河南省离出海口最近的地级市，是国家“一带一路”和中部崛起“两纵两横经济带”节点城市之一，是中原地区承接沿海地区产业转移的桥头堡。2015年6月，商丘市被列入《全国流通节点城市布局规划》66个区域流通节点城市之一。

公路　2007年4月，商丘被中国交通运输部确定为国家公路运输枢纽。30国道、35国道、105国道、310国道4条国家主干道在市区交会形成枢纽，9条高速公路以商丘环城高速圈为中心呈“米”字形向全市展开；30余条省道遍布全市各地。

铁路　商丘铁路枢纽与郑州、徐州国家铁路主枢纽，济南、南京、杭州等区域铁路枢纽构成辐射状，是全国六大路网性枢纽之一，河南省第二大铁路枢纽，在全国铁路网中具有战略性的地位。2016年9月10日，郑徐高铁商丘站始发动车组通车，商丘从此迈入“高铁时代”。商丘是国务院确定的“八纵八横”高铁网络中的重要节点城市，是贯穿中国东西、南北的陇海铁路和京九铁路的高铁普铁“双十字”交会城市，陇海铁路商丘站、郑徐高铁商丘站、商合杭客运专线将在商丘“三站合一”。商丘站作为全国首个集普通铁路、多条客运专线、高速铁路为一体的铁路客运站，能够实现不同铁路客运的零换乘。

航空 民国时期，在商丘宁陵县柳河镇始建商丘柳河机场，为国民空军机场，中华人民共和国成立后被废弃。1968年，国务院、中央军委批复在商丘县观堂乡建设军用机场，称空军商丘机场。2011年6月，国务院、中央军委正式批复立项商丘军民合用机场，在空军商丘机场的原址上新建的军民合用机场。建设成为河南省五大航空机场之一，成为国内重要的支线机场。商丘观堂机场位于商丘市梁园区观堂乡，东距商丘市中心约18千米，近期按4C支线机场标准建设，远期达到4D标准，总占地面积约5600亩，总投资约5.5亿元，主要发往北京、上海、广州、深圳等国内15座城市，远期可飞往国内全部城市和东南亚国家。

管道 商丘是中原经济区最为重要的管道枢纽之一，西气东输二线、西气东输支线、日照—东明—商丘原油管道、海气登陆（LNG）连云港—商丘管道、盐城—商丘管道等国家干线管道在商丘交会，为

商丘高铁站

商丘乃至中原地区提供了充足的天然气、石油等能源，有力地保障了中原地区经济社会的发展。河南逐步建成郑州、洛阳、商丘3个油品输配中心和以郑州为枢纽、以洛阳和商丘2个炼油厂为依托、辐射整个中原经济区的“米”字形油品输送网络。

通信　商丘是中国重要的通讯调度中心，上海至德国法兰克福的光纤通信电缆与京九光缆在商丘垂直交汇，连云港至西安的1800路同轴电缆穿境而过，可提供近万条国际国内通信电路，构成了规模宏大的通信网络。

物流　随着投资18亿元的中部国际（商丘）电子商务产业园签约落地，投资16亿元的浙江传化集团商丘传化智能公路港项目建设，拉开了再次冲刺物流产业大发展的帷幕。如今商丘市物流企业已达635家，形成了以农产品、食品、建材、冷链为主导的四大商贸物流集群，年货运量1.26亿吨。黄淮四市第一家保税仓库落户商丘运营两年多来，累计出入库货物22 286吨，价值8084万美元，运营数据指标在河南省7个保税仓库中居第一位。2016年1月份，集区位、港口、外贸枢纽基地辐射等多重优势于一身的商丘保税物流中心获批，为商丘加快对外开放步伐提供了有力支撑。如今，来自美国、日本、韩国、欧洲、非洲、东南亚等30多个国家和地区的数十家国际知名公司，正全面深化和商丘的贸易合作。

今天的商丘，随着高铁速度的提升，经济社会发展正在迈出日新月异的新步伐。冰熊冷藏车从民权出发一日千里，金刚石园区辉映柘城，嘉施利化肥项目宁陵生根。“中国超硬材料基地”“中国制冷产业基地”“中国制鞋产业基地”“中国钢卷尺生产基地”“中国优质复合肥产业基地”“中原纺织服务加工基地”“中国知名针织内衣服装加工基地”等，一个个闪亮的金字招牌，让商丘成为河南工业经济的后起之秀，以独特的魅力吸引着世界的目光。